DIE ALTEN GRIECHEN
Götter, Helden, Dichter

NATUR
Erforschen und schützen

FOSSILIEN
Spuren des Lebens

DAS ALTE ÄGYPTEN
Goldenes Reich am Nil

PIRATEN
Schrecken der Meere

HAUSTIERE
Unsere liebsten Freunde

SPINNEN
Jäger am seidenen Faden

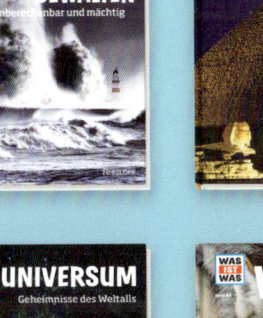
NATUR-GEWALTEN
Unberechenbar und mächtig

DIE SIEBEN WELTWUNDER
Schätze der Antike

WALE UND DELFINE
Die sanften Riesen

RITTER
Burgen, Turniere, edle Frauen

REGENWALD
Grüner Schatz der Erde

HAIE
Im Reich der schnellen Jäger

UNIVERSUM
Geheimnisse des Weltalls

WÖLFE
Im Revier der grauen Jäger

RELIGIONEN
Woran wir glauben

BURGEN
Zeugen des Mittelalters

EUROPA
Menschen, Länder und Kultur

FEUERWEHR
Retter im Einsatz

MUSIK
Wunderwelt der Töne

BAUERNHOF
Tiere, Pflanzen und Maschinen

DAS MITTELALTER
Die Welt der Kaiser, Edelleute und Bauern

POLIZEI
Streife, Kripo, SEK

SCHLANGEN
Jäger mit dem sechsten Sinn

DEUTSCHLAND
Land und Leute entdecken

MODE
Was uns anzieht

GEHEIMNIS TIEFSEE
Leben in ewiger Finsternis

WALD
Mehr als nur Bäume

ROBOTER
Klüge und starke Helfer

AMEISEN UND TERMITEN
Fleißige Baumeister

TANZ
Immer im Takt

STEINZEIT
Die Zähmung des Feuers

TAUCHEN
Faszination unter Wasser

ZUKUNFT
Alles im Wandel

Die Reihe wird fortgesetzt.

WAS IST WAS

Dr. Manfred Baur

MIKROSKOP

Was dem Auge verborgen bleibt

TESSLOFF

Hier siehst du, wo du bist!

Wo ist was?

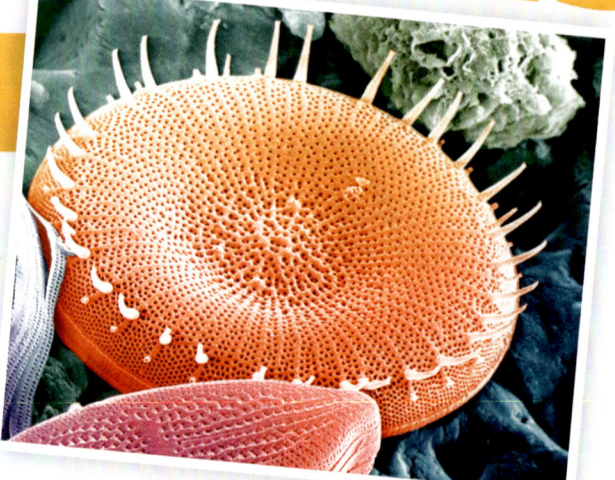

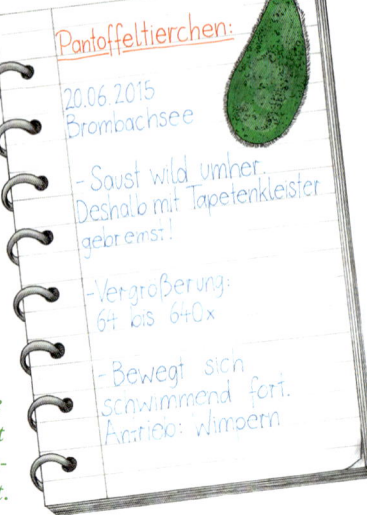

Pantoffeltierchen:

20.06.2015
Brombachsee

- Saust wild umher.
Deshalb mit Tapetenkleister gebremst.

- Vergrößerung:
64 bis 640x

- Bewegt sich schwimmend fort.
Antrieb: Wimpern.

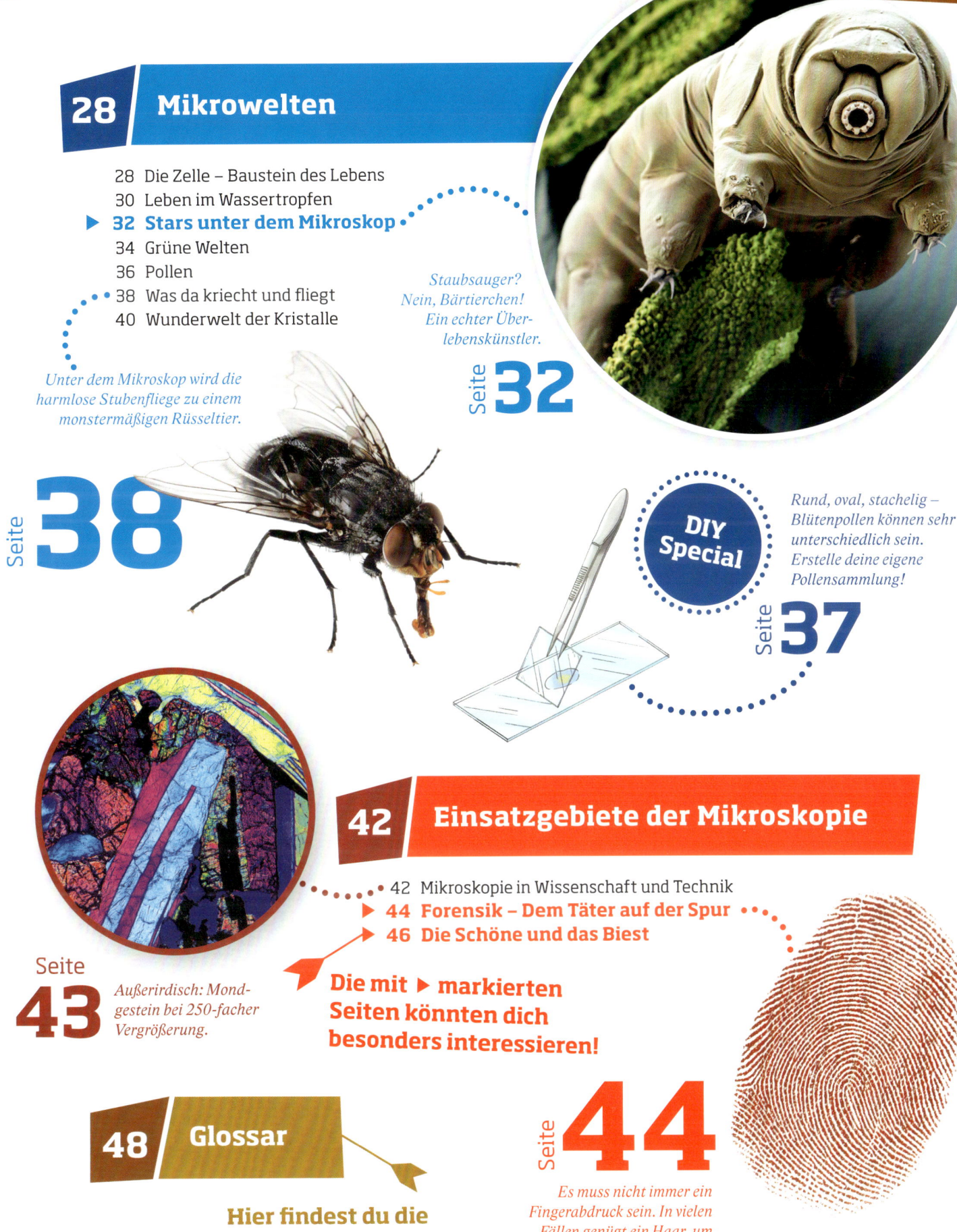

28 Mikrowelten

Staubsauger? Nein, Bärtierchen! Ein echter Überlebenskünstler.

Seite **32**

Unter dem Mikroskop wird die harmlose Stubenfliege zu einem monstermäßigen Rüsseltier.

Seite **38**

DIY Special

Rund, oval, stachelig – Blütenpollen können sehr unterschiedlich sein. Erstelle deine eigene Pollensammlung!

Seite **37**

42 Einsatzgebiete der Mikroskopie

Seite **43**

Außerirdisch: Mondgestein bei 250-facher Vergrößerung.

Die mit ▶ markierten Seiten könnten dich besonders interessieren!

48 Glossar

Hier findest du die wichtigsten Begriffe kurz erklärt.

Seite **44**

Es muss nicht immer ein Fingerabdruck sein. In vielen Fällen genügt ein Haar, um den Täter zu überführen.

Einfach genial! Das Foldscope ist leicht zu bedienen und soll Milliarden Menschen den Blick in die Mikrowelt ermöglichen. So kann es ihnen die Wunder der Natur nahebringen.

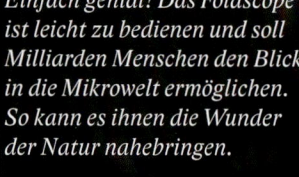
← Foldscope

Mikroskope
für alle

Manu Prakash will die Welt mit dem 1-Dollar-Mikroskop verändern. Sein Foldscope soll in Schulen und Krankenhäusern eingesetzt werden.

Manu Prakash ist Bioingenieur an der Universität Stanford in Kalifornien und möchte, dass jedes Kind die Welt mit einem Mikroskop erforschen kann. Gemeinsam mit seinem Team hat sich Prakash ein besonderes Mikroskop einfallen lassen, das mit Materialkosten von nur einem US-Dollar in Zukunft milliardenfach hergestellt werden kann.

Die Bauteile des Foldscope sind auf wasserfestes Papier gedruckt und vorgestanzt. Außerdem mit dabei sind Linse, LED und Batterie.

Mikroskop zum Falten

Das Foldscope (englisch »fold« für falten), wie die Erfinder ihr Mikroskop nennen, wird als Bastelbogen aus Papier geliefert. Er ist etwa so groß wie eine DIN-A4-Seite. Die Teile werden herausgedrückt, gefaltet und zusammengesteckt. Hinzu kommen eine Linse, eine Leuchtdiode (LED) als Lichtquelle und eine kleine Batterie mit Schalter – fertig ist das Mikroskop. Das alles dauert etwa zehn Minuten. Allerdings sieht ein Foldscope völlig anders aus als herkömmliche

Lichtmikroskope: Es ist schmal, flach und so klein, dass man es einfach in die Hemdtasche stecken kann. Das zu untersuchende Objekt wird wie bei einem normalen Mikroskop auf einem gläsernen Objektträger unter die Linse gebracht. Statt eines komplizierten Linsensystems besteht das Foldscope aus nur einer einzigen Linse. Es ähnelt damit dem Mikroskop des Niederländers Antonie van Leeuwenhoek, der mit seiner Superlupe bereits im 17. Jahrhundert Bakterien studiert hat.

Der Malariaerreger zwischen den roten Blutkörperchen. Millionen Menschen fallen jährlich dieser gefährlichen Tropenkrankheit zum Opfer. Das Foldscope kann dabei helfen, sie rechtzeitig zu erkennen.

Nicht überall stehen teure Labormikroskope zur Verfügung. Das Foldscope könnte auch in den entlegensten Regionen von Entwicklungsländern lebensrettende Untersuchungen ermöglichen.

Unkaputtbar

Wenn das Foldscope zu Boden fällt, zerbricht es nicht. Manu Prakash hat es schon aus dem dritten Stock auf die Straße geworfen, sich mit den Schuhen daraufgestellt und es in Wasser getaucht. Das Foldscope funktioniert trotzdem weiter.

Dabei ist es mehr als nur eine Spielerei. In entlegenen Gebieten könnten Blutproben von Patienten untersucht werden. Das Stanford-Team hat verschiedene Faltmikroskope entwickelt, um damit ganz bestimmte Erreger von Tropenkrankheiten wie Malaria oder Schlafkrankheit nachweisen zu können. Werden diese Krankheiten rechtzeitig erkannt und behandelt, kann das Foldscope so helfen, Menschenleben zu retten. Bei besonders ansteckenden und gefährlichen Krankheiten kann es auch als Einwegmikroskop verwendet werden.

Einfach genial

Mehr als 10 000 Foldscopes haben sich bereits in Feldtests in aller Welt bewährt. Manu Prakash und seine Kollegen haben große Pläne für die Zukunft. Sie arbeiten an der Massenfertigung des Foldscope, sodass jährlich eine Milliarde davon hergestellt werden können. Das Foldscope ist wie alle guten Ideen einfach und genial – und es könnte die Welt verändern.

CellScope

Cellphone, so heißen die Mobiltelefone in den USA. Aus einem Cellphone und einem besonderen Mikroskopaufsatz machte Dan Fletcher ein besonderes Mikroskop: das CellScope. Es begann an der Universität im kalifornischen Berkeley, als Dan Fletcher seinen Studenten die Aufgabe stellte, ein möglichst einfaches Mikroskop zu bauen, das die Kamera eines Smartphones nutzt. Ein solches Mikroskop wäre ideal für Entwicklungsländer, wo es an Ärzten und Krankenhäusern mangelt. Denn diese Länder haben oft ein gut ausgebautes Mobilfunknetz. Zusammen mit gespendeten Smartphones könnten mit dem CellScope Krankenschwestern oder Krankenpfleger Blutproben mikroskopieren und ein Foto einem Arzt oder einem anderen Spezialisten schicken. Diese könnten die Krankheit diagnostizieren und die nötige Behandlung umgehend zurückmelden. Erste Versuche sind bereits im Kongo und in Vietnam erfolgreich gelaufen. Noch kostet ein CellScope 700 Dollar. Doch die Tüftler aus Kalifornien arbeiten daran, es erheblich billiger zu machen.

Weil das CellScope einfach zu bedienen ist, ist es bei Kindern beliebt. Es wird bereits in Schulen und Museen eingesetzt. Die Fotos kann man mit nach Hause nehmen.

Vom Flohglas zum Mikroskop

Antonie van Leeuwenhoek

Der Tuchhändler baute einlinsige Mikroskope, die bis zu 270-fache Vergrößerungen ermöglichten. Sie hatten eine bessere Auflösung als die damals schon bekannten mehrlinsigen Mikroskope.

Dass kugelige Wassertropfen oder durchsichtige Linsen vergrößernd wirken, das weiß man schon seit über zweitausend Jahren. Gegen Ende des 13. Jahrhunderts wurden die ersten Brillen hergestellt, um Sehschwächen auszugleichen. Heute verwenden wir für Brillen Glas- oder Kunststofflinsen, die frühen Brillen aber bestanden aus dem durchsichtigen Mineral Beryll. Vom Beryll leitet sich auch das Wort »Brille« ab.

Würmchen und Flöhe

Athanasius Kircher (1602–1680) verwendete sogenannte Flohgläser, um kleine Dinge näher zu betrachten. Ein Flohglas besteht aus einer starken Linse, die in ein Röhrchen eingebaut ist. Kircher sah damit angeblich in den Eiterbeulen von Pestkranken kleine »Würmchen«. Wir wissen nicht, was er gesehen hatte; jedenfalls handelte es sich nicht um die Verursacher der Krankheit. Den eigentlichen Pesterreger, den Pestbazillus, konnte er mit dem nur schwach vergrößernden Flohglas nämlich nicht sehen. Dazu hätte er ein Mikroskop benötigt. Jedoch konnte man mit den Flohgläsern die damals ebenso häufigen wie lästigen Flöhe bestaunen.

Fernes nah und Kleines groß

Um das Jahr 1595 bauten niederländische Brillenmacher und Linsenschleifer die ersten Fernrohre, indem sie zwei Glaslinsen hintereinandersetzten. Fernrohre waren vor allem militärisch interessant, denn so konnte man nahende Schiffe beobachten und feindliche Schiffe früher ausmachen. Mit Glaslinsen ließen sich auch stark vergrößernde Lupen und durch Kombination mehrerer Linsen richtige Mikroskope bauen.

van Leeuwenhoeks Mikroskop

Eine winzige Glaslinse war zwischen zwei Messingplatten montiert. Das Objekt wurde an der Nadelspitze befestigt. Mit zwei Schraubgewinden konnte der Abstand zwischen Objekt und Linse eingestellt werden.

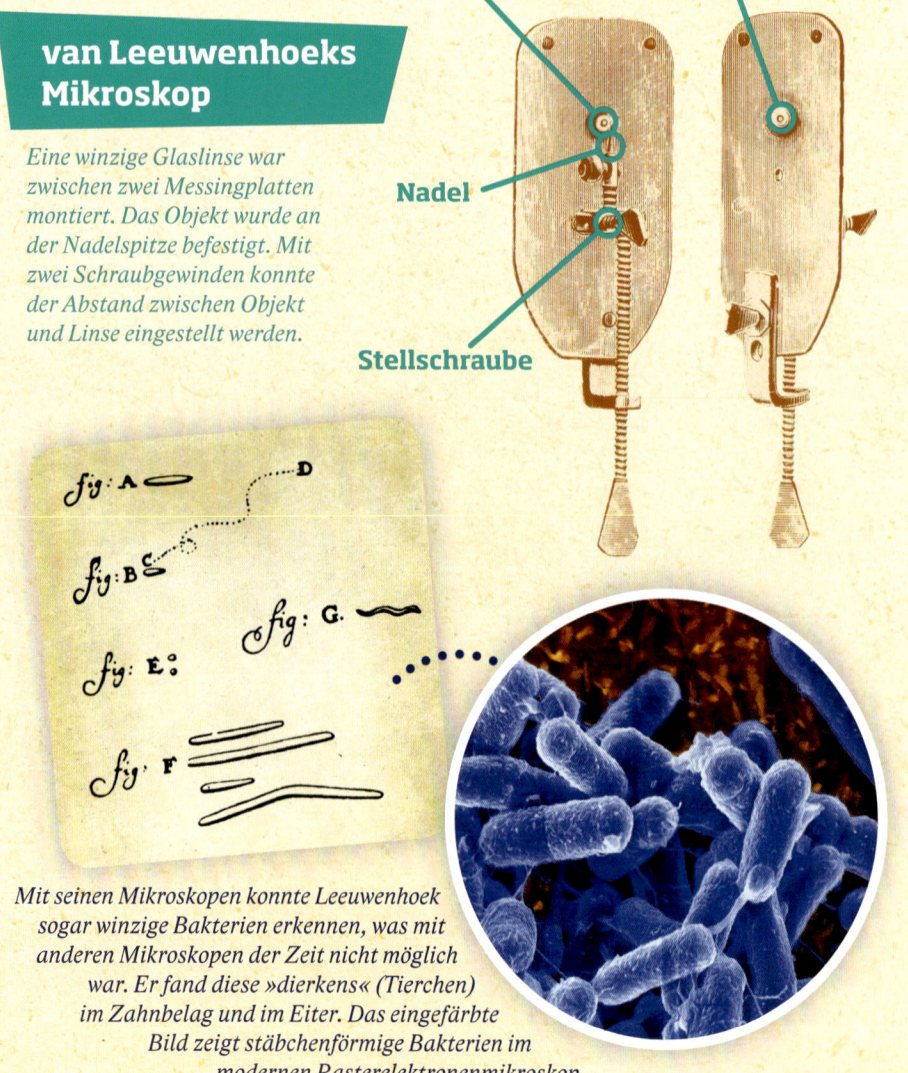

Linse · Guckloch · Nadel · Stellschraube

Mit seinen Mikroskopen konnte Leeuwenhoek sogar winzige Bakterien erkennen, was mit anderen Mikroskopen der Zeit nicht möglich war. Er fand diese »dierkens« (Tierchen) im Zahnbelag und im Eiter. Das eingefärbte Bild zeigt stäbchenförmige Bakterien im modernen Rasterelektronenmikroskop.

Aufregende Mikrowelt

Der erste Mensch, der winzige, einzellige Lebewesen sah, dürfte der niederländische Tuchhändler Antonie van Leeuwenhoek (1632–1723) gewesen sein. Er betrachtete seinen eigenen Zahnbelag und entdeckte darin winzige kugel- und stäbchenförmige Gebilde, die – wie wir heute wissen – Bakterien waren. Leeuwenhoek untersuchte auch sein Blut und sah darin die roten Blutkörperchen. Außerdem studierte er den Feinbau von Insekten und Schimmelpilzen. Ihm tat sich eine wunderbare Welt auf; so wimmelte es im Wasser von Tümpeln nur so von seltsamen Wesen. Um seine Instrumente bauen zu können, lernte Leeuwenhoek das Schleifen von Glaslinsen. Zwar bestanden seine Mikroskope nur aus einer einzigen Linse, doch er erzielte damit eine bis zu 270-fache Vergrößerung. Die Objekte setzte er auf die Spitze einer Nadel, dann hielt er das Mikroskop mit der Hand gegen das Licht. Mit Schraubgewinden konnte er die Objekte richtig platzieren. Flüssigkeiten kamen in ein feines Glasröhrchen.

Zellen und Monster

Der englische Physiker Robert Hooke (1635–1703) benutzte als einer der ersten Naturforscher das Mikroskop für seine Untersuchungen. Er schliff die dafür benötigten Linsen selbst und baute damit ein zusammengesetztes Mikroskop, das wie moderne Mikroskope heute aus Objektiv und Okular bestand. 1665 veröffentlichte Hooke sein bahnbrechendes Buch »Micrographia«, in dem er sein Mikroskop genau beschrieb. Besonders beeindruckt waren die Leser von detailgenauen Zeichnungen einer Fliege, einer Laus und eines Flohs. Unter dem Mikroskop sahen diese ansonsten kleinen Tiere wie Ungeheuer aus. Hooke entdeckte zudem, dass Kork aus winzigen Kammern besteht, die er »Zellen« nannte, weil sie ihn an die Klosterzellen eines Klosters erinnerten. Heute wissen wir, dass alle Lebewesen aus Zellen bestehen.

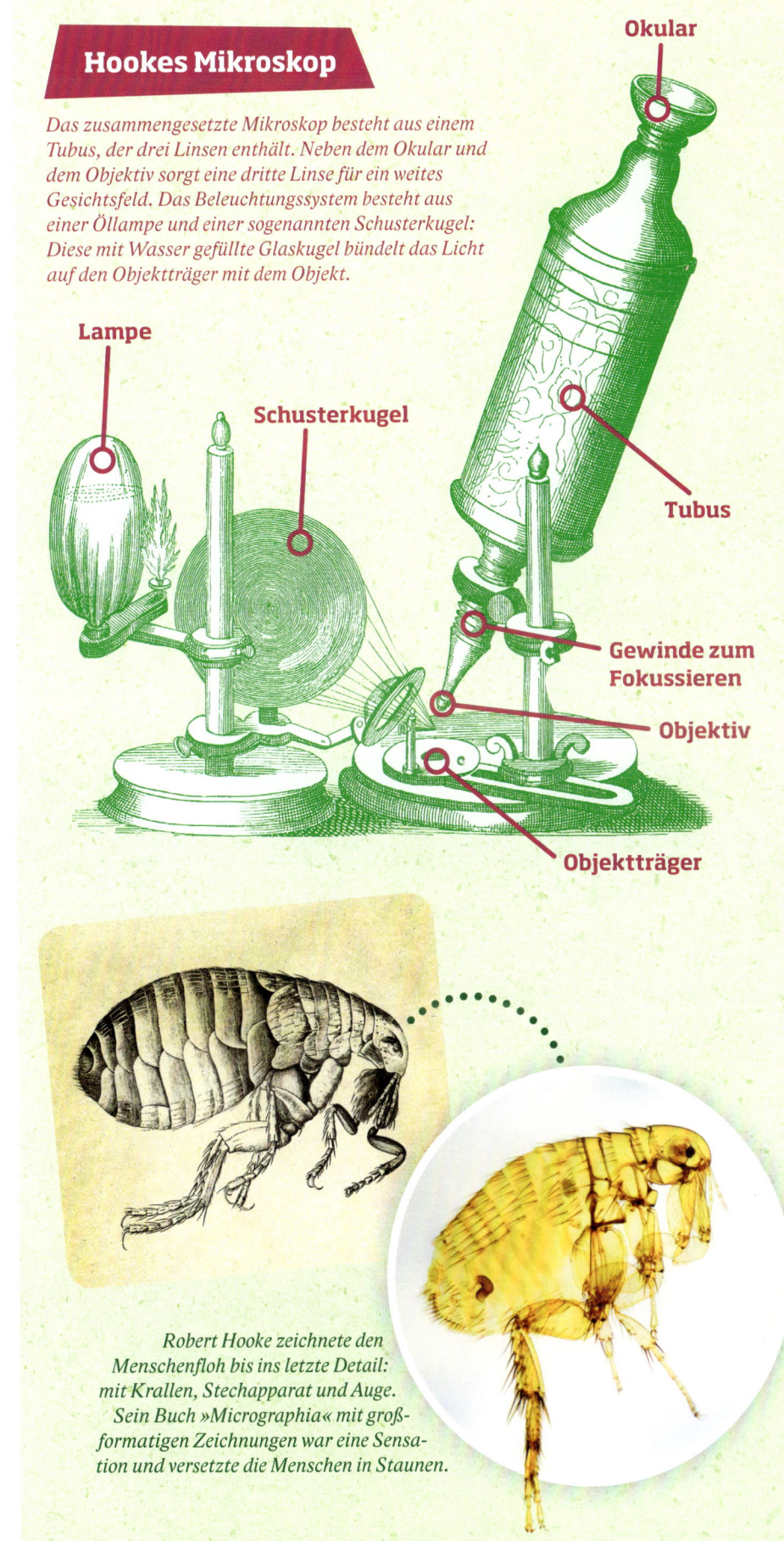

Hookes Mikroskop

Das zusammengesetzte Mikroskop besteht aus einem Tubus, der drei Linsen enthält. Neben dem Okular und dem Objektiv sorgt eine dritte Linse für ein weites Gesichtsfeld. Das Beleuchtungssystem besteht aus einer Öllampe und einer sogenannten Schusterkugel: Diese mit Wasser gefüllte Glaskugel bündelt das Licht auf den Objektträger mit dem Objekt.

Okular

Lampe

Schusterkugel

Tubus

Gewinde zum Fokussieren

Objektiv

Objektträger

Robert Hooke zeichnete den Menschenfloh bis ins letzte Detail: mit Krallen, Stechapparat und Auge. Sein Buch »Micrographia« mit großformatigen Zeichnungen war eine Sensation und versetzte die Menschen in Staunen.

Dieser Dame aus dem Jahr 1828 fällt vor Schreck gar die Teetasse aus der Hand. Durchs Mikroskop begutachtet sie das Wasser der Themse, die durch London fließt und die Bewohner mit Wasser versorgte. Sie sieht eine Monstersuppe!

Neue Einblicke

Ein großes Problem mehrlinsiger Mikroskope waren Farbränder an den Kanten der betrachteten Objekte. Zu diesen Farbrändern kam es, weil Licht unterschiedlicher Wellenlänge und damit unterschiedlicher Farbe durch die Linse auch verschieden stark gebrochen und abgelenkt wird. Bei nur einer Linse ist dieser Abbildungsfehler oft vernachlässigbar. Doch bei einem Mikroskop, das aus mehreren Linsen besteht, vervielfachen sich diese Abbildungsfehler. Die Forscher waren unzufrieden mit der Bildqualität und manche verzichteten deshalb sogar ganz auf das Mikroskop.

Mehr Linsen — mehr Qualität

Ab etwa 1830 begann man sich in England mit dem Problem zu beschäftigen und fand heraus, dass man die Farbsäume verringern

konnte, indem man Objektive und Okulare herstellte, die aus mehreren Linsen bestanden. Diese Linsen waren nicht nur unterschiedlich geschliffen, sondern bestanden auch noch aus verschiedenen Glassorten. In Deutschland hat sich Joseph von Fraunhofer (1787–1826) mit solchen achromatischen (griech.: »ohne Farbe«) Linsensystemen befasst. Die Linsen wurden von Hand geschliffen – je nach Können und Erfahrung des Linsenschleifers erhielt man mal schlechtere, mal bessere Mikroskope.

Erst rechnen, dann schleifen

Der deutsche Optiker und Feinmechaniker Carl Zeiss (1816–1888) stellte ab Mitte des 19. Jahrhunderts Mikroskope von hoher Präzision her. Um ihre Optik noch weiter zu verbessern und die Abbildungsfehler zu

➡ Schon gewusst?

Ernst Abbe erfand die Ölimmersion, bei der zwischen dem zu beobachtenden Objekt und der untersten Objektivlinse kein Luftspalt ist, sondern man die Linse in einen Tropfen Öl eintaucht. Das Öl hat ähnliche Brechungseigenschaften wie das Glas. Besonders hoch vergrößernde Objektive (etwa 1 000-fach) sind meist Ölimmersionsobjektive. Sie vermeiden die dünne Luftschicht, die die optische Leistung eines Mikroskops mindert. Wer hoch vergrößern muss, verwendet deshalb ein solches Objektiv.

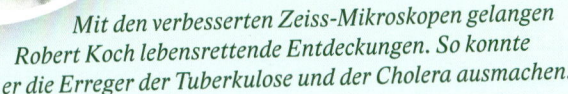

bakterien-freier Hof **Pilz**

Bakterien

Ein Pilz als Lebensretter

Der Schotte Alexander Fleming (1881–1955) entdeckte zufällig in einer mit einem Pilz verunreinigten Bakterien-kultur, dass der Pilz eine Bakterien tötende Substanz absondert. Er fand damit das erste Antibiotikum im Kampf gegen Bakterien: das Penicillin. Seitdem wurden immer neue Antibiotika entwickelt, mit denen sich bakterielle Infektionskrankheiten wie Mittelohrentzündung oder Keuchhusten behandeln lassen.

Ein Pilz wächst auf einem Nährboden und sondert eine Bakterien tötende Substanz ab – ein natürliches Antibiotikum. In der unmittelbaren Umgebung des Pilzes können sich so keine Bakterien vermehren.

Kampf den Krankheitserregern

Der deutsche Landarzt Robert Koch (1843–1910) gilt als der Begründer der modernen Bakteriologie. In den 1880er-Jahren entdeckte er die Bakterien, die Cholera und Tuber-kulose verursachen – schreckliche Krankheiten, an denen viele Menschen starben. Koch bedankte sich bei Carl Zeiss in einem Brief für die her-vorragenden Mikroskope, die ihm seine Entdeckungen erst ermöglicht hatten. Für seine Leistungen wurde Robert Koch im Jahr 1905 mit dem Nobelpreis für Medizin ausgezeichnet.

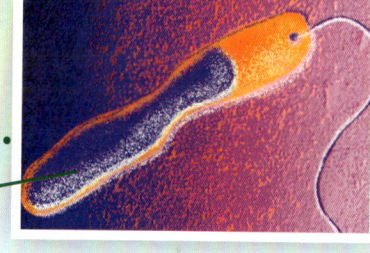

Mit den verbesserten Zeiss-Mikroskopen gelangen Robert Koch lebensrettende Entdeckungen. So konnte er die Erreger der Tuberkulose und der Cholera ausmachen.

Cholera-erreger

verringern, stellte Zeiss den Physiker Ernst Abbe (1840–1905) ein. Abbe berechnete die Linsen genau und führte neue Fertigungs-methoden ein, sodass Linsen präzise ge-schliffen werden konnten und die Qualität nicht mehr eine Sache des Zufalls blieb. Er arbeitete eine Theorie aus, die ganz genau beschrieb, wie das Bild in einem Mikroskop entsteht. Eine wichtige Rolle spielte dabei die Brechung des Lichts im Glas der Linsen. Unterschiedliche Materialien führen auch zu unterschiedlicher Farbzerstreuung bei der Lichtbrechung. Der deutsche Chemiker Otto Schott (1851–1935) entwickelte um 1886 neuartige optische Gläser, mit denen sich hochwertige Linsen herstellen ließen. Mit den neuen Mikroskopen wurden zahl-reiche medizinische und biologische Ent-deckungen gemacht.

Bakterien überall

Der Franzose Louis Pasteur (1822–1895) wies nach, was Wein und Milch sauer werden lässt: winzige Organismen, die er Spaltpilze nannte. Er fand heraus, dass Mikroben in der Luft umherschwirren und so Krank-heiten übertragen können. Außerdem konnte Pasteur zeigen, dass Lebensmittel nur dann verderben, wenn sie der Luft und damit Mikroorganismen ausgesetzt sind. Durch kurzzei-tiges Erhitzen (Pasteurisieren) lässt sich Verderbliches haltbar machen, so zum Beispiel Milch oder Fruchtsäfte.

Milchsäure-bakterien

Louis Pasteur entdeckte auch den Erreger einer Krankheit der Seidenraupen, die die französische Seidenindustrie fast ruiniert hatte.

ZOOOOOM und WOW!

Die Welt, in der wir leben, ist voller Wunder. Manche jedoch offenbaren sich uns erst bei hoher Vergrößerung. Dann werden unglaubliche Muster und Strukturen sichtbar. Das Mikroskop enthüllt bei Pflanzen und Tieren den unermesslichen Erfindungsreichtum der Natur.

Raffinierte Haut

Haihaut ist rau wie Sandpapier. Das Mikroskop zeigt, dass sie aus winzigen harten Hautzähnchen, den Dentikeln oder Placoidschuppen, besteht. Diese Zähnchen weisen in Schwimmrichtung Längsrillen auf und stehen dicht aneinander. Experimente im Strömungskanal zeigen, dass eine solch raue Oberfläche besonders wenig Wasserwiderstand bietet. So kann der Hai besonders schnell und ohne große Anstrengung schwimmen.

Immer sauber dank Wachs

Die Lotuspflanze ist in den Sümpfen zu Hause und dennoch stets sauber. Ihr Geheimnis sind mikroskopisch kleine Wachsnoppen. Schmutzpartikel und Wassertropfen haben so nur wenige Kontaktstellen mit der Blattoberfläche. Bei Regen perlen die Wassertropfen also schnell ab, schießen über das Blatt und reißen Verunreinigungen mit sich.

Unglaublich!

Der menschliche Körper besteht aus schätzungsweise über 10 Billionen (10 000 000 000 000) Zellen und bietet 100 Billionen Bakterien einen Lebensraum. Auf jede Körperzelle kommen also zehn fremde Zellen, die auf der Haut, im Mund und im Darm leben. Ohne die Darmbakterien könnten wir viele wichtige Nährstoffe gar nicht verwerten.

Haftkraft

Die fünf Zehen eines Geckofußes sind von einer Art Flauschteppich bedeckt. Damit haftet der Gecko an senkrechten Wänden und sogar an der Zimmerdecke! An jedem Fuß befinden sich eine halbe Million winziger Härchen. Jedes Härchen wiederum spaltet sich in einige Hundert Enden auf, die es dem Gecko ermöglichen, eine senkrechte Glasscheibe hochzulaufen.

Leicht und flexibel

Die Vogelfeder verdankt ihre Flugeigenschaften ihrem Aufbau: Winzige Häkchen verhaken sich in darunterliegende Rippen. Die Verbindung ist nicht starr, sondern flexibel und führt so zu stabilen und trotzdem elastischen Federn.

Raspelzähne

Sieht aus wie eine Raspel und funktioniert auch so: die Zunge einer Schnecke, die Radula, besteht aus Hunderten von Raspelzähnchen aus Chitin. Aus diesem Material bestehen auch die Außenskelette von Krebsen, Insekten und anderen Gliedertieren.

Luftig warm

Eisbären sind bestens an ein Leben in der Kälte angepasst. Die längeren Deckhaare des Oberfells schützen die kürzeren Haare des Unterfells. Im Rasterelektronenmikroskop sieht man, dass die Deckhaare hohl und mit Luft gefüllt sind. Sie wirken wärmeisolierend, sodass der Eisbär nicht friert.

Kleines ganz groß

Mit einer einfachen Lupe kann man schon die ersten Expeditionen in die Welt des Kleinen unternehmen. Allerdings ist dann bei etwa 25-facher Vergrößerung meist Schluss. Stärker vergrößernde Linsen sind nämlich so stark gewölbt und so klein, dass damit Beobachtungen ziemlich knifflig werden.

Doppellinsen-Trick

Um höhere Vergrößerungen zu erzielen, werden zwei Linsen hintereinandergesetzt. Die erste Linse, die dem Objekt zugewandt ist, heißt Objektiv und erzeugt ein vergrößertes Bild des Gegenstandes. Dieses Bild wird von einer zweiten Linse, dem Okular, nochmals vergrößert. So einfach funktioniert ein Mikroskop. Um störendes Licht von den Linsen fernzuhalten und um den Abstand beider Linsen genau einstellen zu können, sitzen die Linsen in einem Rohr, das man Tubus nennt.

Noch mehr Linsen

Um Abbildungsfehler wie Randunschärfen oder Farbsäume zu verringern, sind bei modernen Mikroskopen Okular und Objektiv jeweils aus mehreren Linsen zusammengesetzt. Diese sind unterschiedlich geschliffen und bestehen aus verschiedenen Glassorten, die so berechnet sind, dass sich Abbildungsfehler ausgleichen.
Wichtiger als eine hohe Vergrößerung ist das Auflösungsvermögen eines Mikroskops. Das ist die Fähigkeit, zwei eng beieinanderliegende Strukturen noch voneinander trennen zu können. Die Maßzahl für das Auflösungsvermögen ist die numerische Apertur (abgekürzt: n.A. oder nA). Je größer die Zahl, desto besser ist die Auflösung und somit die Qualität eines Objektivs. Allerdings hat diese Qualität auch ihren Preis. Hochwertige Objektive bestehen aus über einem Dutzend Linsen, die mit viel Aufwand berechnet und geschliffen wurden. Solche Objektive kosten einige Hundert Euro pro Stück.

Bloßes Auge

Die Linse des Auges projiziert ein verkleinertes Bild auf die Netzhaut mit den lichtempfindlichen Sinneszellen. Die eingezeichneten Lichtstrahlen zeigen eine Eigenschaft der Sammellinse: Sie stellt das Bild auf den Kopf. Doch das Gehirn rechnet es so um, dass wir die Welt stets richtig herum sehen. Wie groß wir ein Objekt wahrnehmen, hängt vom Sehwinkel ab.

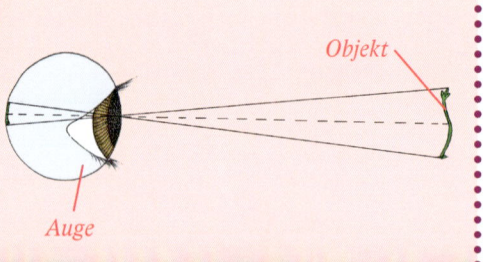

Objekt

Auge

Ein Marienkäfer ist zu klein, um mit dem bloßen Auge Details wie etwa die Fühler gut erkennen zu können.

Lupe

Die einfache Sammellinse der Lupe bricht die Lichtstrahlen und vergrößert so den Sehwinkel. Das Objekt erscheint dadurch größer. Je stärker die Krümmung der Linse, desto stärker die Vergrößerung.

Mit einer Lupe können wir Pflanzen und Tiere genauer betrachten.

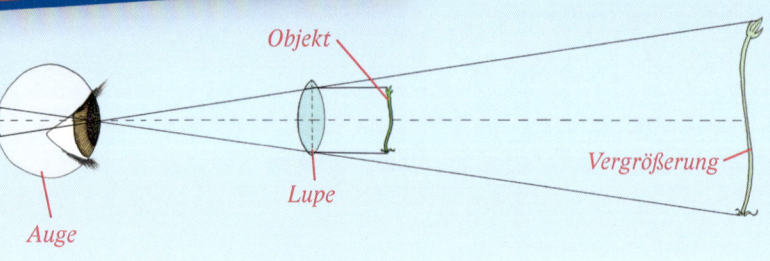

Objekt

Vergrößerung

Lupe

Auge

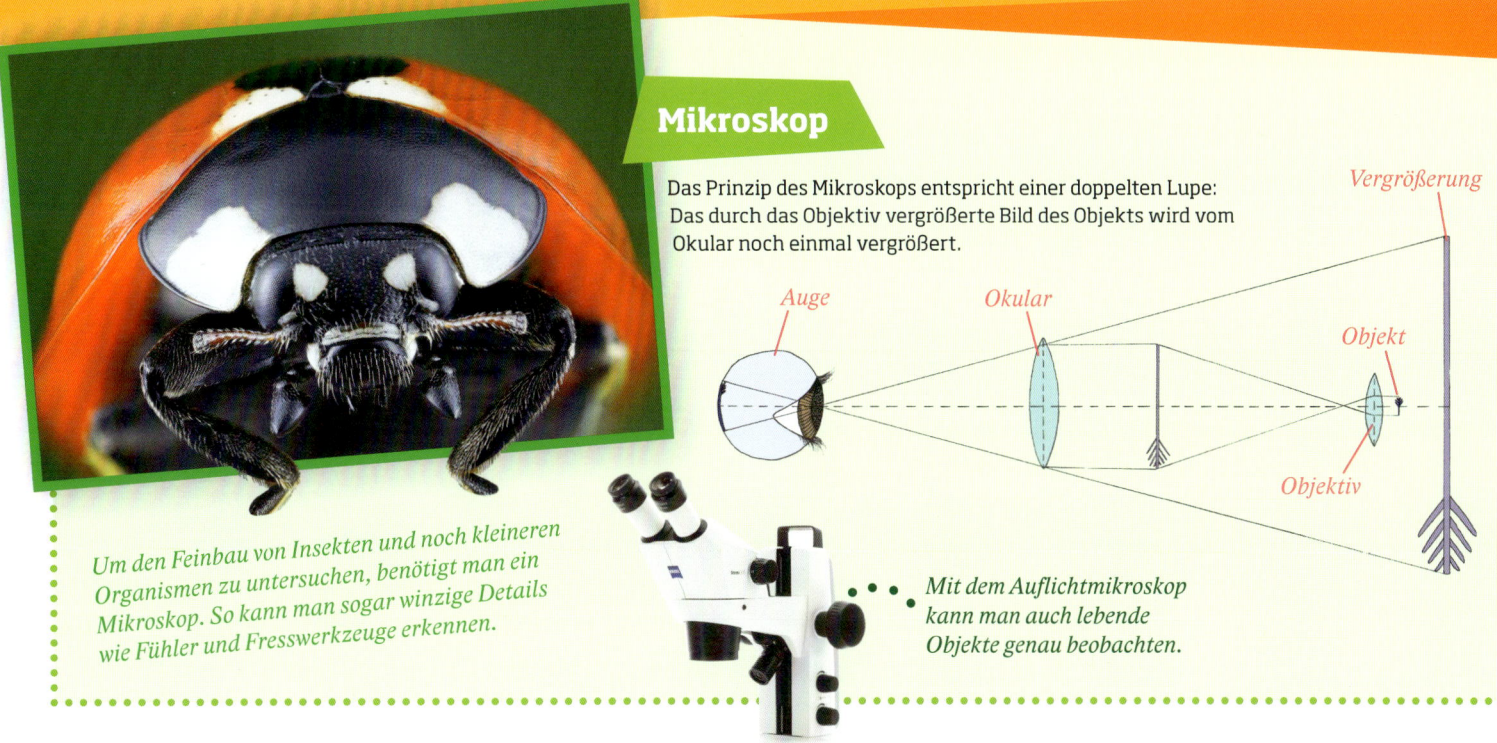

Um den Feinbau von Insekten und noch kleineren Organismen zu untersuchen, benötigt man ein Mikroskop. So kann man sogar winzige Details wie Fühler und Fresswerkzeuge erkennen.

Mikroskop

Das Prinzip des Mikroskops entspricht einer doppelten Lupe: Das durch das Objektiv vergrößerte Bild des Objekts wird vom Okular noch einmal vergrößert.

Auge *Okular* *Objekt* *Objektiv* *Vergrößerung*

Mit dem Auflichtmikroskop kann man auch lebende Objekte genau beobachten.

Wie hoch ist die Vergrößerung?

Auf Objektiv und Okular sind jeweils die Vergrößerungen angegeben. Durch einfaches Malnehmen (Multiplizieren) beider Werte erhältst du die Gesamtvergrößerung. Ein Okular mit 10-facher Vergrößerung und ein Objektiv mit 20-facher Vergrößerung zum Beispiel ergeben zusammen eine 200-fache Vergrößerung. Sehr hochwertige Mikroskope können mit guter Auflösung sogar 1 500- bis über 2 000-fach vergrößern. Doch bereits 400- bis 600-fache Maximalvergrößerungen ermöglichen spannende Ausflüge in den Mikrokosmos!

Licht ist wichtig

Für mikroskopische Beobachtungen ist eine gute Beleuchtung erforderlich. Früher wurde das natürliche Licht der Umgebung oder das Licht einer besonderen Mikroskopierleuchte über einen Spiegel ins Mikroskop gelenkt. Heute sind in den Mikroskopen meist spezielle Beleuchtungssysteme fest eingebaut. Diese bestehen aus einer elektrischen Lampe sowie Linsensystemen, mit denen das Licht auf das Beobachtungsobjekt konzentriert werden kann. Über einen Dimmer lässt sich die Helligkeit optimal einstellen. Hochwertige Mikroskope verfügen über ausgetüftelte Beleuchtungssysteme.

Okular

Dieses Okular vergrößert 10-fach, wie die erste aufgedruckte Zahl verrät. Das »X« steht dabei für »10 mal«.

Objektiv

Dieses Objektiv hat eine 10-fache Vergrößerung und eine numerische Apertur von 0,25.

FORSCHERTIPP

Wassertropfenlupe

Linsenschleifen ist etwas für Spezialisten. Eine einfache Lupe lässt sich aber auch ohne Glaslinsen bauen, denn Wasser hat ähnliche Brechungseigenschaften wie Glas. Dazu verwendest du die Lasche eines Schnellhefters. In das Loch kannst du mit der Pipette einen Wassertropfen setzen. Fertig ist die Lupe!

Oberflächenspannung und Schwerkraft formen die Wasserlinse so, dass man damit vergrößern kann.

Das Lichtmikroskop

Die bekannteste und gängigste Mikroskopform ist das Durchlichtmikroskop, bei dem Licht durch ein dünnes Objekt geschickt wird. Im unteren Teil des Mikroskops wird Licht erzeugt und nach oben zum Objekttisch geleitet, wo es das Objekt durchstrahlt. So kann man beispielsweise Blattquerschnitte oder Mikroorganismen untersuchen. Im Gegensatz dazu können mit Auflichtmikroskopen auch nicht durchsichtige, massive Objekte wie zum Beispiel Münzen oder Kristalle betrachtet werden. Die Beleuchtung ist dann schräg oberhalb des Objekttisches angebracht, das Licht scheint also von oben auf das Objekt. Manche Mikroskope bieten sogar beide Möglichkeiten.

Kreuztisch

Sehr hochwertige Mikroskope verfügen über einen Kreuztisch. Darauf wird der Objektträger eingespannt. Über Rändelräder lässt sich das Objekt präzise Bruchteile von Millimetern in zwei Richtungen bewegen.

Digitalkamera

Manche Mikroskope sind mit einer USB-Kamera ausgestattet. So lassen sich über den Computer Fotos und Videos von Streifzügen durch die Mikrowelt aufnehmen.

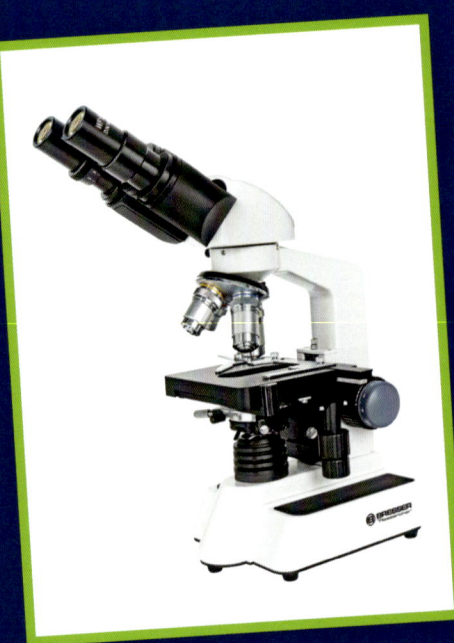

Binokularmikroskop

Ein Binokularmikroskop ist ein Mikroskop mit zwei Okularen. Man kann so mit beiden Augen beobachten, was bei längerem Arbeiten am Mikroskop die Augen weniger anstrengt. Da dieses Mikroskop jedoch über nur ein Objektiv verfügt, wird kein räumliches Bild erzielt.

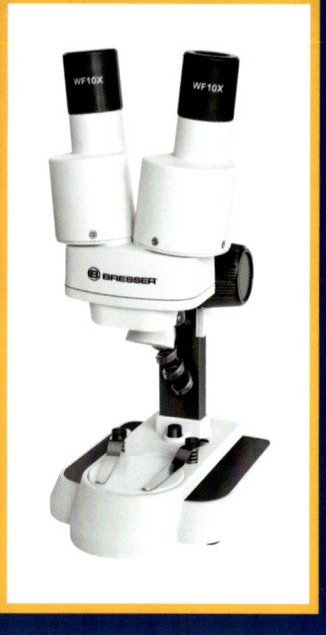

Stereomikroskop

Ein Stereomikroskop besitzt zwei Okulare und meist auch zwei Objektive. Für jedes Auge steht ein eigener Strahlengang zur Verfügung, sodass ein dreidimensionaler räumlicher Eindruck entsteht. Mit einem Stereomikroskop lassen sich massive Objekte im Auflicht räumlich vergrößert betrachtet, etwa Insekten, Mineralien oder Computerchips. Allerdings sind keine allzu hohen Vergrößerungen möglich.

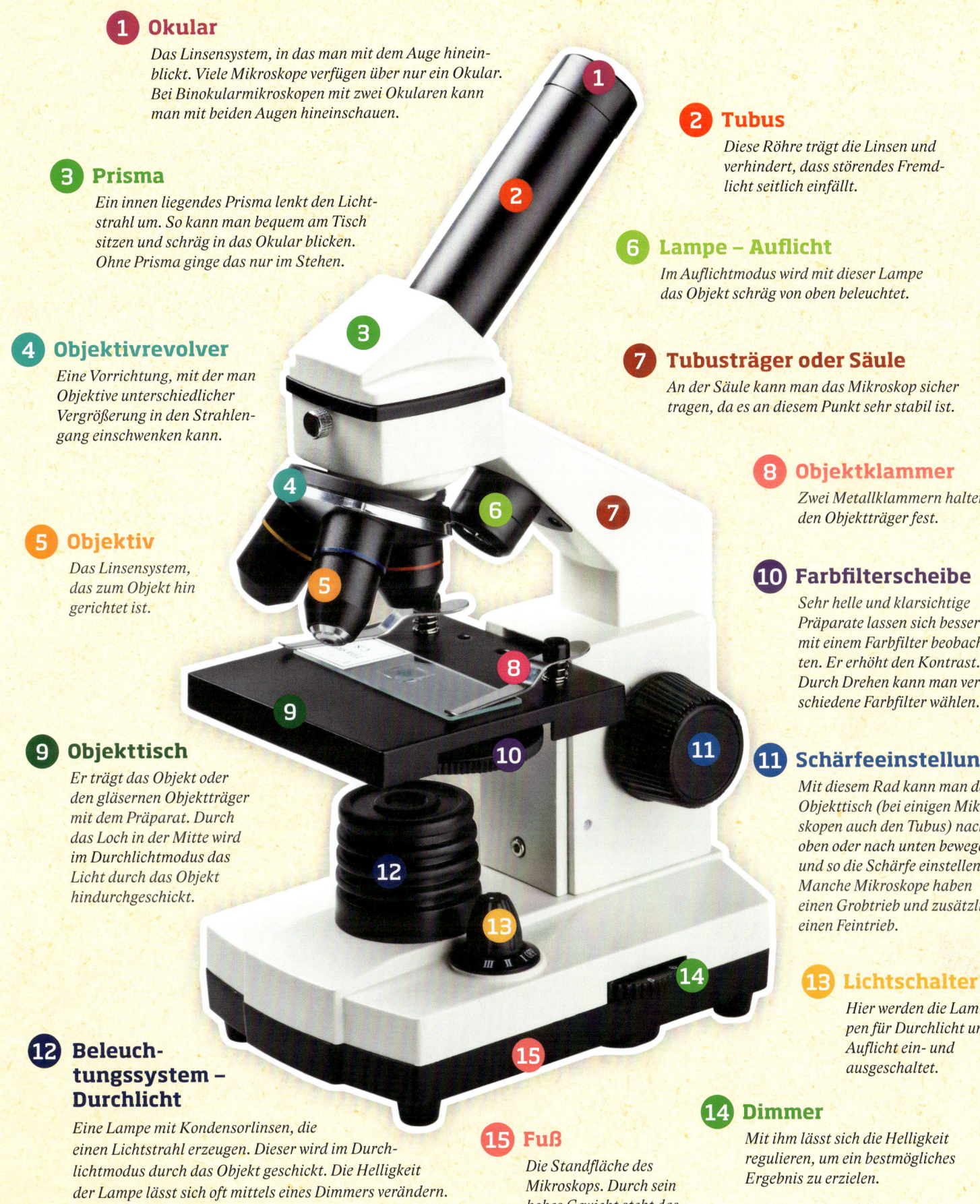

1 Okular

Das Linsensystem, in das man mit dem Auge hinein-
blickt. Viele Mikroskope verfügen über nur ein Okular.
Bei Binokularmikroskopen mit zwei Okularen kann
man mit beiden Augen hineinschauen.

2 Tubus

Diese Röhre trägt die Linsen und
verhindert, dass störendes Fremd-
licht seitlich einfällt.

3 Prisma

Ein innen liegendes Prisma lenkt den Lichtstrahl um. So kann man bequem am Tisch
sitzen und schräg in das Okular blicken.
Ohne Prisma ginge das nur im Stehen.

6 Lampe – Auflicht

Im Auflichtmodus wird mit dieser Lampe
das Objekt schräg von oben beleuchtet.

4 Objektivrevolver

Eine Vorrichtung, mit der man
Objektive unterschiedlicher
Vergrößerung in den Strahlen-
gang einschwenken kann.

7 Tubusträger oder Säule

An der Säule kann man das Mikroskop sicher
tragen, da es an diesem Punkt sehr stabil ist.

5 Objektiv

Das Linsensystem,
das zum Objekt hin
gerichtet ist.

8 Objektklammer

Zwei Metallklammern halten
den Objektträger fest.

10 Farbfilterscheibe

Sehr helle und klarsichtige
Präparate lassen sich besser
mit einem Farbfilter beobachten. Er erhöht den Kontrast.
Durch Drehen kann man verschiedene Farbfilter wählen.

9 Objekttisch

Er trägt das Objekt oder
den gläsernen Objektträger
mit dem Präparat. Durch
das Loch in der Mitte wird
im Durchlichtmodus das
Licht durch das Objekt
hindurchgeschickt.

11 Schärfeeinstellung

Mit diesem Rad kann man den
Objekttisch (bei einigen Mikroskopen auch den Tubus) nach
oben oder nach unten bewegen
und so die Schärfe einstellen.
Manche Mikroskope haben
einen Grobtrieb und zusätzlich
einen Feintrieb.

13 Lichtschalter

Hier werden die Lam-
pen für Durchlicht und
Auflicht ein- und
ausgeschaltet.

**12 Beleuch-
tungssystem –
Durchlicht**

Eine Lampe mit Kondensorlinsen, die
einen Lichtstrahl erzeugen. Dieser wird im Durchlichtmodus durch das Objekt geschickt. Die Helligkeit
der Lampe lässt sich oft mittels eines Dimmers verändern.

15 Fuß

Die Standfläche des
Mikroskops. Durch sein
hohes Gewicht steht das
Mikroskop fest und ohne
zu wackeln auf dem Tisch.

14 Dimmer

Mit ihm lässt sich die Helligkeit
regulieren, um ein bestmögliches
Ergebnis zu erzielen.

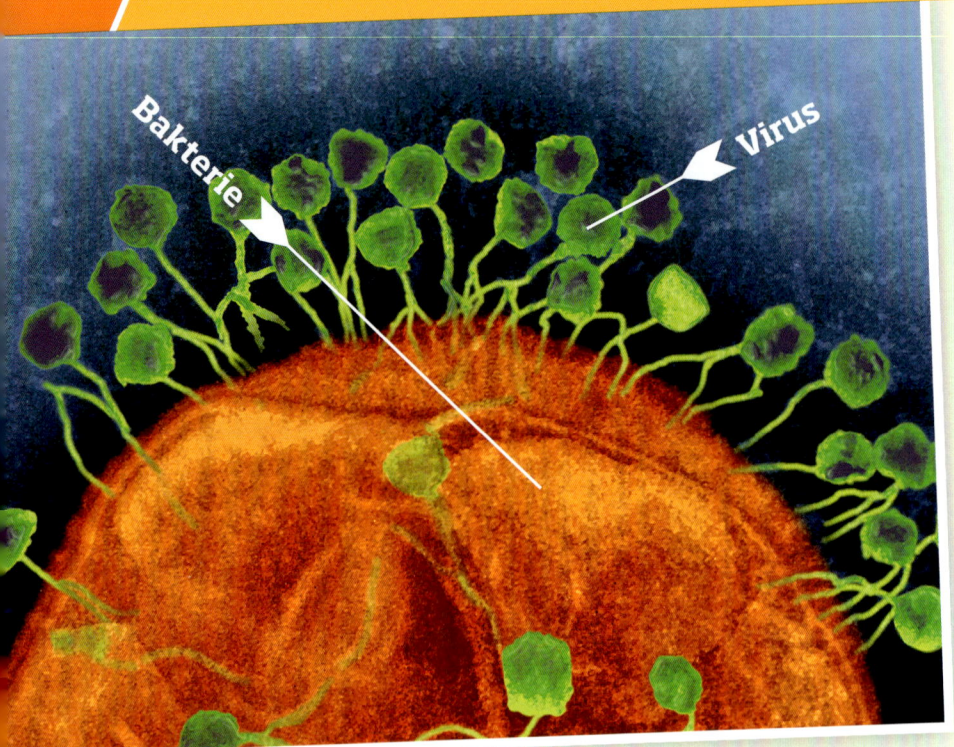

Bakterie

Virus

Im Vergleich zu Viren sind Bakterien Riesenwesen, obwohl beide sehr klein sind. Eine Waldameise wäre in diesem Maßstab etwa zehn Meter lang!

Wie klein ist klein?

Der Mensch ist ein mittelmäßiges Wesen, was seine Größe betrifft. Denn es gibt noch sehr viel größere Dinge: Gebirge, Planeten, Sterne und Galaxien. Allein die Entfernung zum nächsten Stern ist unglaublich: Von uns bis zu Proxima Centauri sind es 40 000 000 000 000 Kilometer (40 Billionen Kilometer)! Das ist unvorstellbar weit. Das Licht benötigt für diese Strecke etwa 4,3 Jahre – obwohl es über 1 079 252 848 Kilometer pro Stunde schnell ist!

Die Welt des Kleinen

Neben diesem Makrokosmos existiert noch ein Mikrokosmos, die Welt der kleinen Dinge. Diese Welt erforschen wir mit Mikroskopen. Wie klein sind nun aber die Dinge, die wir damit sehen können? Auch hier versagt unser Vorstellungsvermögen, denn das menschliche Auge kann gerade noch Dinge auflösen, die 0,1 bis 0,2 Millimeter groß sind, also ein bis zwei Zehntelmillimeter. Um Dinge genauer zu untersuchen, die kleiner sind als einen Millimeter, benutzt man deshalb am besten vergrößernde Lupen und Mikroskope.

Meter, Millimeter, Mikrometer

Um Größen, Strecken und Abstände zu vergleichen, geben wir diese in Metern (m) oder Bruchteilen davon an (1 m = 100 cm = 1 000 mm). Objekte und Strukturen im

➡ Rekord

0,75 mm

groß ist Thiomargarita namibiensis (»Schwefelperle Namibias«) und damit alles andere als ein Zwerg. Das größte bekannte Bakterium der Welt ist mit dem bloßen Auge zu sehen. Es kommt am Meeresboden vor der Küste Namibias vor.

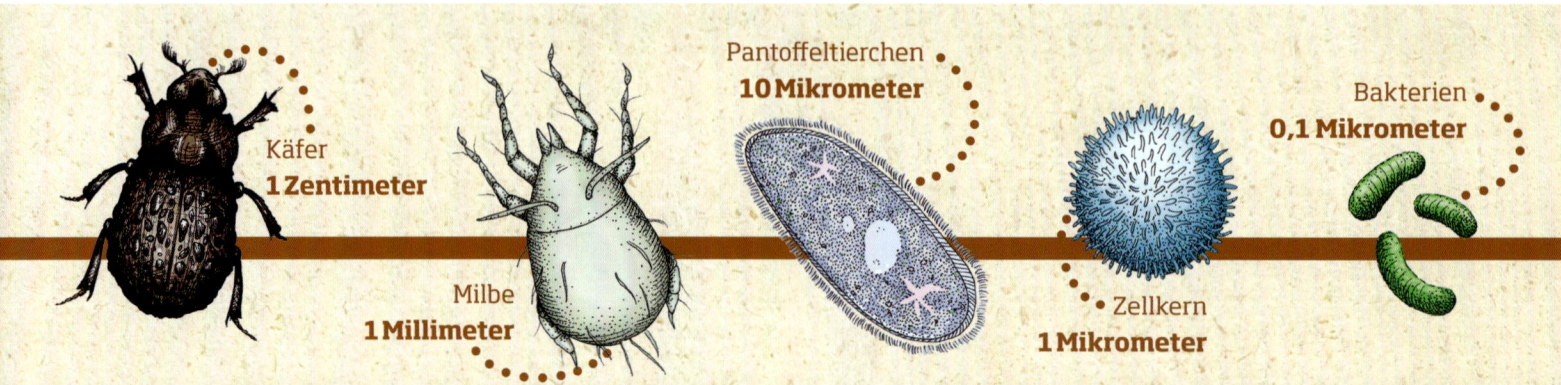

Käfer
1 Zentimeter

Milbe
1 Millimeter

Pantoffeltierchen
10 Mikrometer

Zellkern
1 Mikrometer

Bakterien
0,1 Mikrometer

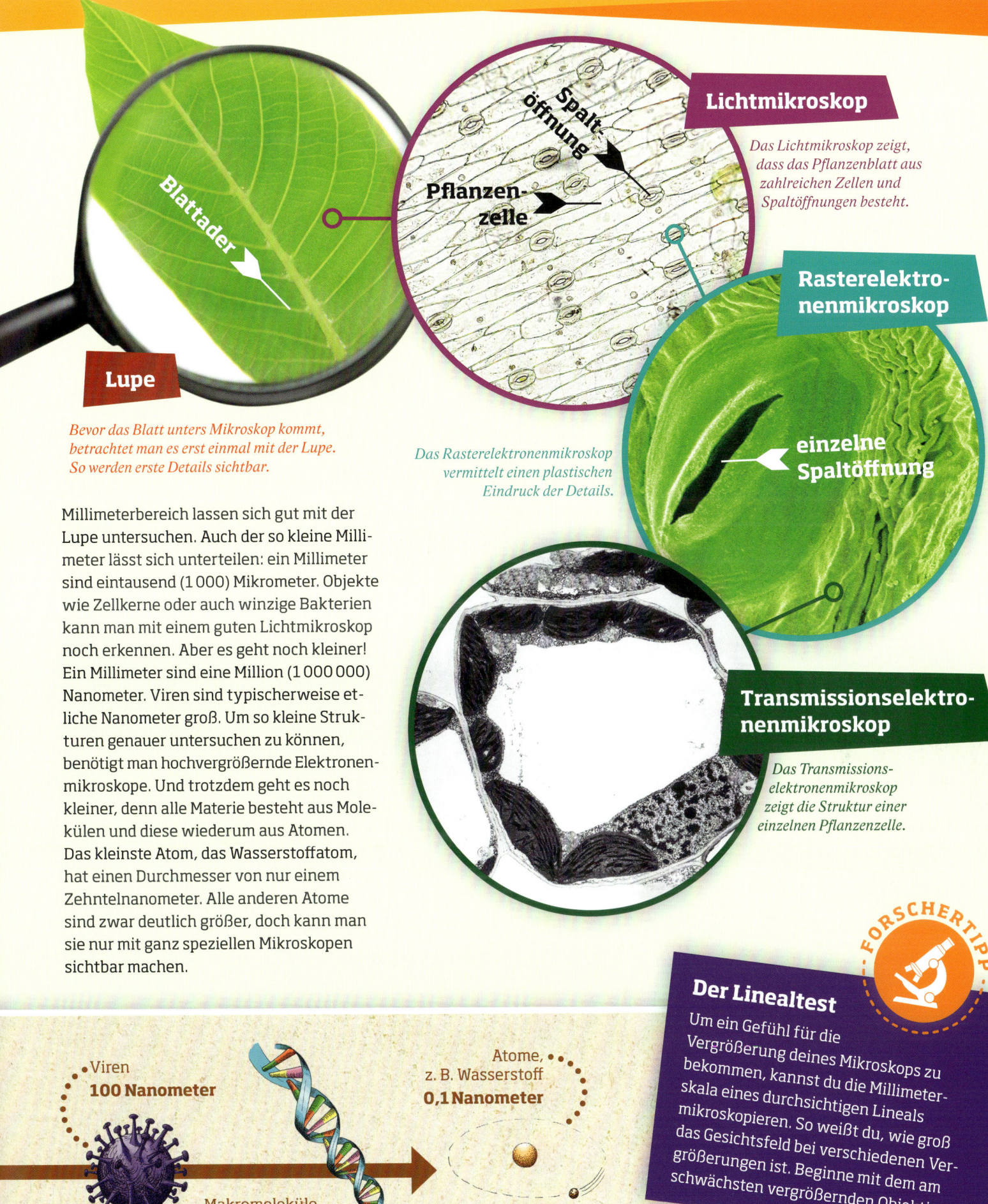

Lichtmikroskop

Das Lichtmikroskop zeigt, dass das Pflanzenblatt aus zahlreichen Zellen und Spaltöffnungen besteht.

Spalt-
öffnung

Pflanzen-
zelle

Rasterelektro-
nenmikroskop

einzelne
Spaltöffnung

Das Rasterelektronenmikroskop vermittelt einen plastischen Eindruck der Details.

Blattader

Lupe

Bevor das Blatt unters Mikroskop kommt, betrachtet man es erst einmal mit der Lupe. So werden erste Details sichtbar.

Millimeterbereich lassen sich gut mit der Lupe untersuchen. Auch der so kleine Millimeter lässt sich unterteilen: ein Millimeter sind eintausend (1 000) Mikrometer. Objekte wie Zellkerne oder auch winzige Bakterien kann man mit einem guten Lichtmikroskop noch erkennen. Aber es geht noch kleiner! Ein Millimeter sind eine Million (1 000 000) Nanometer. Viren sind typischerweise etliche Nanometer groß. Um so kleine Strukturen genauer untersuchen zu können, benötigt man hochvergrößernde Elektronenmikroskope. Und trotzdem geht es noch kleiner, denn alle Materie besteht aus Molekülen und diese wiederum aus Atomen. Das kleinste Atom, das Wasserstoffatom, hat einen Durchmesser von nur einem Zehntelnanometer. Alle anderen Atome sind zwar deutlich größer, doch kann man sie nur mit ganz speziellen Mikroskopen sichtbar machen.

Transmissionselektro-
nenmikroskop

*Das Transmissions-
elektronenmikroskop zeigt die Struktur einer einzelnen Pflanzenzelle.*

FORSCHERTIPP

Der Linealtest

Um ein Gefühl für die Vergrößerung deines Mikroskops zu bekommen, kannst du die Millimeterskala eines durchsichtigen Lineals mikroskopieren. So weißt du, wie groß das Gesichtsfeld bei verschiedenen Vergrößerungen ist. Beginne mit dem am schwächsten vergrößernden Objektiv.

Viren
100 Nanometer

Makromoleküle,
z. B. DNA
10 Nanometer

Atome,
z. B. Wasserstoff
0,1 Nanometer

Sieht gemütlich aus: Diese REM-Aufnahme zeigt einen Bohnenkäfer, der in einem Bohnensamen herangewachsen ist.

Ich liebe es, vom Elektronenstrahl gerastert zu werden. Das bitzelt so schön!

Es muss nicht immer Licht sein

Links befindet sich die Säule des REM – ganz schön groß! Der Bediener stellt den Elektronenstrahl ein.

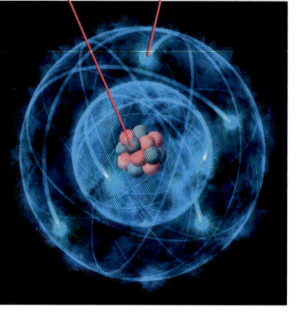

Atomkern   Elektron

Atome bestehen aus einem positiv geladenen Atomkern und negativ geladenen Elektronen. Die Elektronen bewegen sich um den Atomkern herum.

Wirft man einen Stein auf eine ruhige, glatte Wasseroberfläche, breiten sich kreisförmig Wasserwellen aus. Wellenberge und Wellentäler wechseln sich ab. Ähnlich wie diese Wasserwellen kann man sich Licht als Wellen vorstellen. Die Wellenlänge von Wasser, also der Abstand von einem Wellenberg zum nächsten, beträgt wenige Zentimeter bis einige Meter. Beim Licht jedoch sind die Wellenlängen deutlich kleiner. Sie betragen nur vier bis acht Zehntausendstelmillimeter! Strukturen, die kleiner sind als die Wellenlängen des Lichts, lassen sich mit Lichtmikroskopen nicht mehr darstellen. So sind selbst bei guten Lichtmikroskopen Vergrößerungen über 2 000 nicht mehr sinnvoll.

Kleiner und feiner mit Elektronen

Möchte man kleinere Dinge erforschen, muss man elektromagnetische Strahlung mit kleinerer Wellenlänge verwenden, zum Beispiel schnelle Elektronen. Das erkannte der deutsche Elektroingenieur Ernst Ruska (1906–1988) und baute in den frühen 1930er-Jahren das erste Elektronenmikroskop. Elektronen sind elektrisch negativ geladene Elementarteilchen und Bestandteile der Atome. Man kann sich vorstellen, dass sie um den positiv geladenen Atomkern kreisen. Um die Elektronen für die Mikroskopie zu nutzen, benötigt man einen feinen Elektronenstrahl. Man erzeugt ihn, indem man einen dünnen Metalldraht durch Stromfluss bis zum Glühen bringt. Um den

Draht bildet sich eine kleine Wolke aus Elektronen. Sie stoßen mit Luftmolekülen zusammen und fliegen daher nicht allzu weit. Führt man das Experiment aber in einem Behälter durch, aus dem so gut wie alle Luft abgepumpt und ein Vakuum erzeugt wurde, fliegen die Elektronen deutlich weiter. Zusätzlich kann man sie in einem elektrischen Feld beschleunigen.

Durchstrahlen – das TEM

Ähnlich wie Licht durch Glaslinsen kann der Elektronenstrahl durch elektromagnetische Linsen gebeugt, gebündelt und schließlich durch ein hauchdünnes Objekt geschickt werden. Dieses darf nicht dicker als einige Zehntausendstelmillimeter sein und wird auf einem kleinen Metallnetzchen über eine Schleuse in den Elektronenstrahl gebracht. Er durchstrahlt die Probe und wird über die nachfolgenden Linsen so verändert, dass auf einem speziell beschichteten Leuchtschirm ein vergrößertes, scharfes Bild des Objekts entsteht. Indem man den Strom verändert, der durch die Linsen fließt, lassen sich unterschiedliche Vergrößerungen einstellen. Weil die Probe durchstrahlt wird, nennt man diese Art eines Elektronenmikroskops auch Durchlichtelektronenmikroskop oder Transmissionselektronenmikroskop (TEM). Damit sind millionenfache Vergrößerungen möglich.

Rastern – das REM

Mit dem Rasterelektronenmikroskop (REM) kann auch die Oberfläche dickerer Proben abgetastet und vergrößert wiedergegeben werden. Die Probe muss dafür elektrisch leitend sein oder durch Aufdampfen einer sehr dünnen Goldschicht elektrisch leitend gemacht werden. Der Elektronenstrahl wird zeilenweise über die Probe geführt. Er schlägt Elektronen aus dem Objekt, die von einem Detektor registriert werden. Je nach Anzahl der Elektronen entstehen so unterschiedlich helle Bildpunkte, die ein Computer zu einem stark vergrößerten, dreidimensionalen Bild zusammensetzt.

Transmissionselektronenmikroskop

Beim TEM wird der Elektronenstrahl durch ein hauchdünnes Objekt geschickt und erzeugt auf einem Leuchtschirm ein Bild davon. Dieses lässt sich direkt beobachten oder mit einer Kamera festhalten.

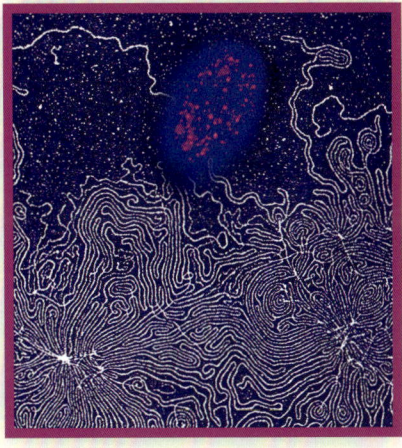

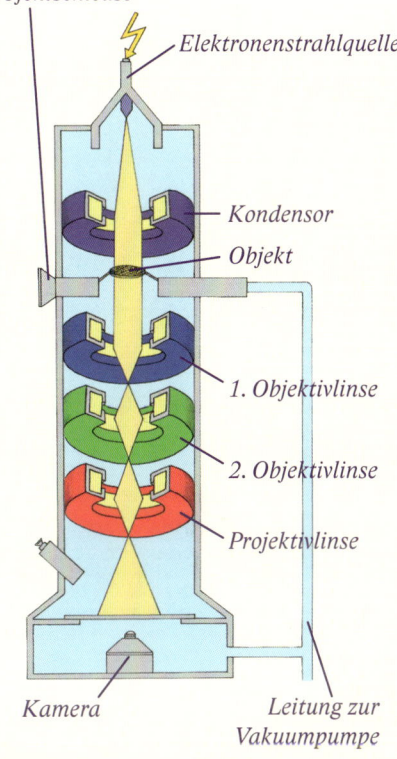

Objektschleuse
Elektronenstrahlquelle
Kondensor
Objekt
1. Objektivlinse
2. Objektivlinse
Projektivlinse
Kamera
Leitung zur Vakuumpumpe

Moleküle sichtbar gemacht: Das Linienmuster ist die menschliche DNA, die mehrere Meter lang ist und alle Erbinformationen enthält. Die DNA ist vollständig in jedem einzelnen unserer Zellkerne enthalten, obwohl ein Zellkern gerade mal einen Hundertstelmillimeter misst!

Rasterelektronenmikroskop

Beim REM rastert der feine Elektronenstrahl Punkt für Punkt und Zeile für Zeile die Probe. Dabei treten weitere Elektronen aus der Probe aus, die ein Detektor auffängt. Der Computer fügt die einzelnen Bildpunkte zusammen und gibt ein vergrößertes Bild der Probe auf dem Monitor aus.

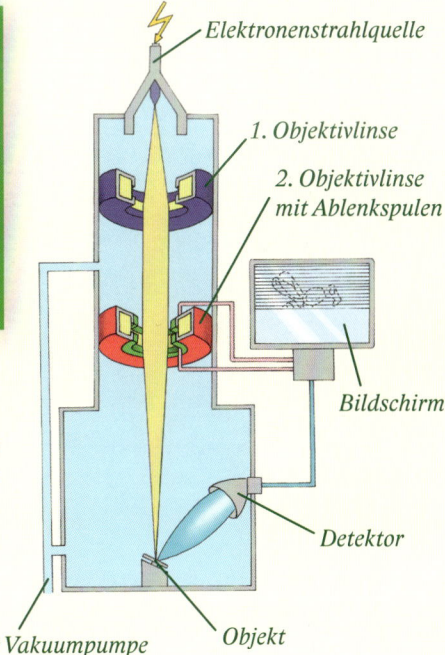

Elektronenstrahlquelle
1. Objektivlinse
2. Objektivlinse mit Ablenkspulen
Bildschirm
Detektor
Leitung zur Vakuumpumpe
Objekt

Diatomeen im Rasterelektronenmikroskop. Diese einzelligen Algen mit einem harten Außengerüst aus Silikat kommen in vielfältigen Formen sowohl im Süß- als auch im Salzwasser vor. Das REM liefert nur Schwarz-Weiß-Bilder, diese können jedoch nachträglich eingefärbt werden. Besonders beeindruckend an REM-Bildern ist der 3-D-Effekt.

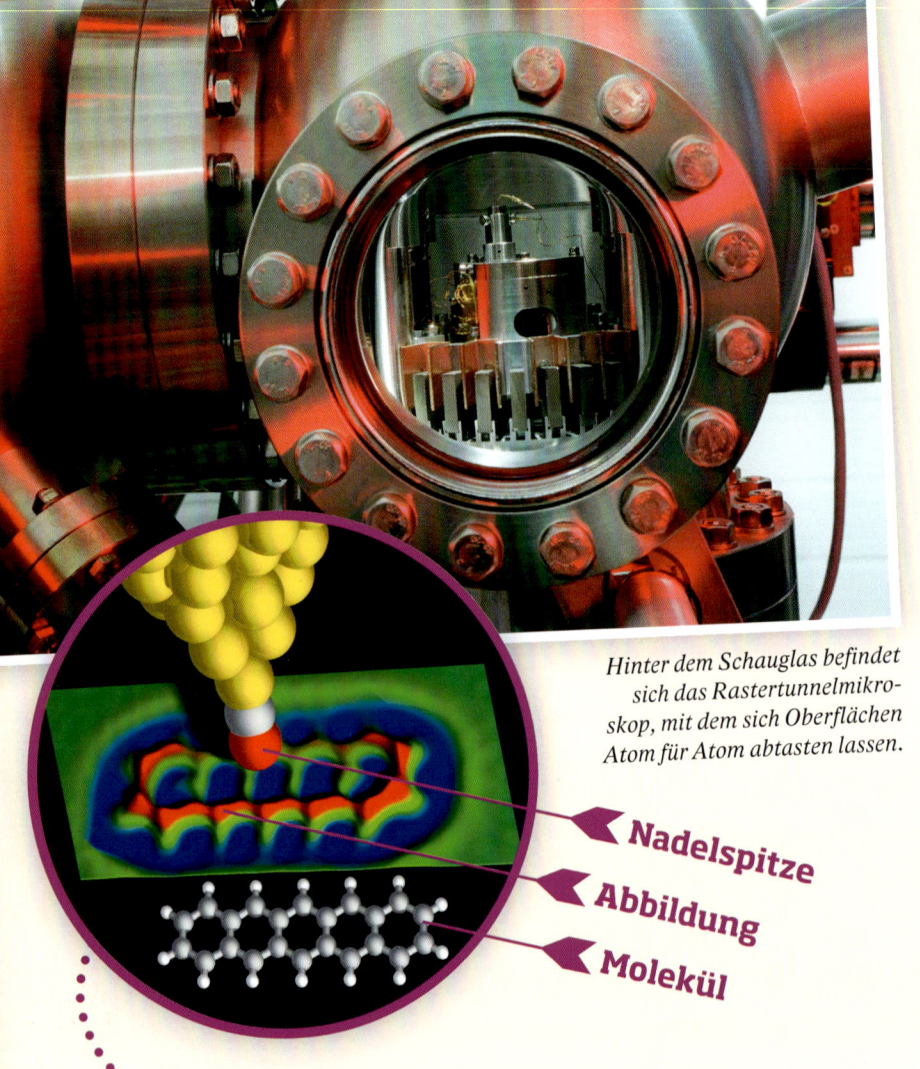

Hinter dem Schauglas befindet sich das Rastertunnelmikroskop, mit dem sich Oberflächen Atom für Atom abtasten lassen.

◄ **Nadelspitze**

◄ **Abbildung**

◄ **Molekül**

• *Während die feine Nadelspitze das Molekül zeilenweise abtastet, verzeichnet sie die Höhen und Tiefen seiner Oberfläche. Der Computer kann aus diesen Daten am Ende eine Abbildung des Moleküls erstellen.*

Preiswürdig – neue Mikroskope

Gerd Binnig und Heinrich Rohrer bekamen für die Entwicklung des Rastertunnelmikroskops 1986 den Nobelpreis für Physik. Sie teilten sich den Preis mit Ernst Ruska (links), der bereits Anfang der 1930er-Jahre das Elektronenmikroskop entwickelt hatte.

Atome sehen

Alle Materie, die uns umgibt und aus der auch wir Menschen bestehen, ist aus winzigen Bausteinen aufgebaut: den Atomen. Doch Atome lassen sich weder mit der Lupe noch mit Lichtmikroskopen beobachten. Sie sind so klein, dass wir sie nur mit ganz besonders starken Mikroskopen sichtbar machen können, etwa mit hochauflösenden Transmissionselektronenmikroskopen. Aber es gibt noch andere Mikroskoparten, mit denen der atomare Aufbau der Materie sichtbar wird.

Das Rastertunnelmikroskop

1982 entwickelten der Deutsche Gerd Binnig und der Schweizer Heinrich Rohrer eine völlig neue Art Mikroskop: das Rastertunnelmikroskop (RTM). Es sieht das Objekt nicht mithilfe von Licht oder Elektronen, es fühlt sie gewissermaßen. Dazu fährt eine extrem feine Nadel über die Oberfläche des Objekts und tastet diese ab. Weil für diese Art der Mikroskopie zwischen der Nadelspitze und der Oberfläche eine elektrische Spannung angelegt werden muss, können damit nur elektrisch leitende Proben untersucht werden. Die winzige Spitze besteht im Idealfall aus nur einem einzigen Atom. Ist sie nahe genug an der Probenoberfläche – ohne dass sich beide berühren –, fließt ein sehr schwacher Strom, der sogenannte Tunnelstrom. Die Nadel fährt nun über die Oberfläche. Trifft ihre Spitze auf ein Hindernis, etwa ein größeres Atom der Probe, wird die Nadel so weit angehoben, dass der Tunnelstrom gleich bleibt. Während die feine Nadel Zeile um Zeile die Oberfläche abtastet, entsteht im Computer ein hochvergrößertes Bild des Objekts.

Das Rasterkraftmikroskop

Möchte man elektrisch nicht leitende Proben untersuchen, so geht das mit dem Rasterkraftmikroskop (RKM), das Mitte der

Atomare Pinzette. Mit dem Rastertunnelmikroskop können sogar einzelne Atome angefasst, verschoben und wieder abgesetzt werden.

1980er-Jahre entwickelt wurde. Das RKM arbeitet ebenfalls mit einer ultrafeinen Nadelspitze und zeichnet die Oberflächenstrukturen zeilenweise auf. Hier wird jedoch kein Strom angelegt, sondern die Anziehungskraft zwischen der Spitze und den Oberflächenatomen der Probe gemessen. Denn Atome ziehen sich gegenseitig an! Auch beim RKM muss die Nadel sehr nah an die Probenoberfläche geführt werden. Sie ist an einem feinen Metallblech befestigt. Kommt das Atom der Nadelspitze den Oberflächenatomen der Probe zu nahe, so werden starke abstoßende Kräfte wirksam. Durch die Abstoßung verbiegt sich das Blech geringfügig. Mit einem Laserstrahl wird diese Verbiegung gemessen. Da die Spitze die Probe Zeile für Zeile abtastet, erhält man so ein dreidimensionales Bild der Probenoberfläche.

Unglaublich!

»Der Junge und sein Atom« – so heißt der kleinste Animationsfilm der Welt. Er wurde mit Atomen »gezeichnet« und besteht aus über 240 Einzelbildern. Mithilfe eines Rastertunnelmikroskops wurden die Atome auf einem briefmarkengroßen Kupferscheibchen einzeln bewegt. Die Forscher wollen damit keinen Film-Oscar gewinnen, sondern zeigen, wie Daten in Zukunft Atom für Atom gespeichert werden könnten.

Kleiner als Atome – geht das denn?

Je kleiner das Objekt, desto größer das Mikroskop. Mit dem 27 Kilometer langen, ringförmigen Teilchenbeschleuniger Large Hadron Collider (LHC) am Forschungszentrum CERN bei Genf in der Schweiz lässt sich sogar in das Innere von Atomkernen blicken! Dazu werden Atomkerne nahezu auf Lichtgeschwindigkeit beschleunigt und aufeinandergeschossen. Riesige Nachweisgeräte wie dieser ATLAS-Detektor registrieren die dabei freigesetzten Teilchen.

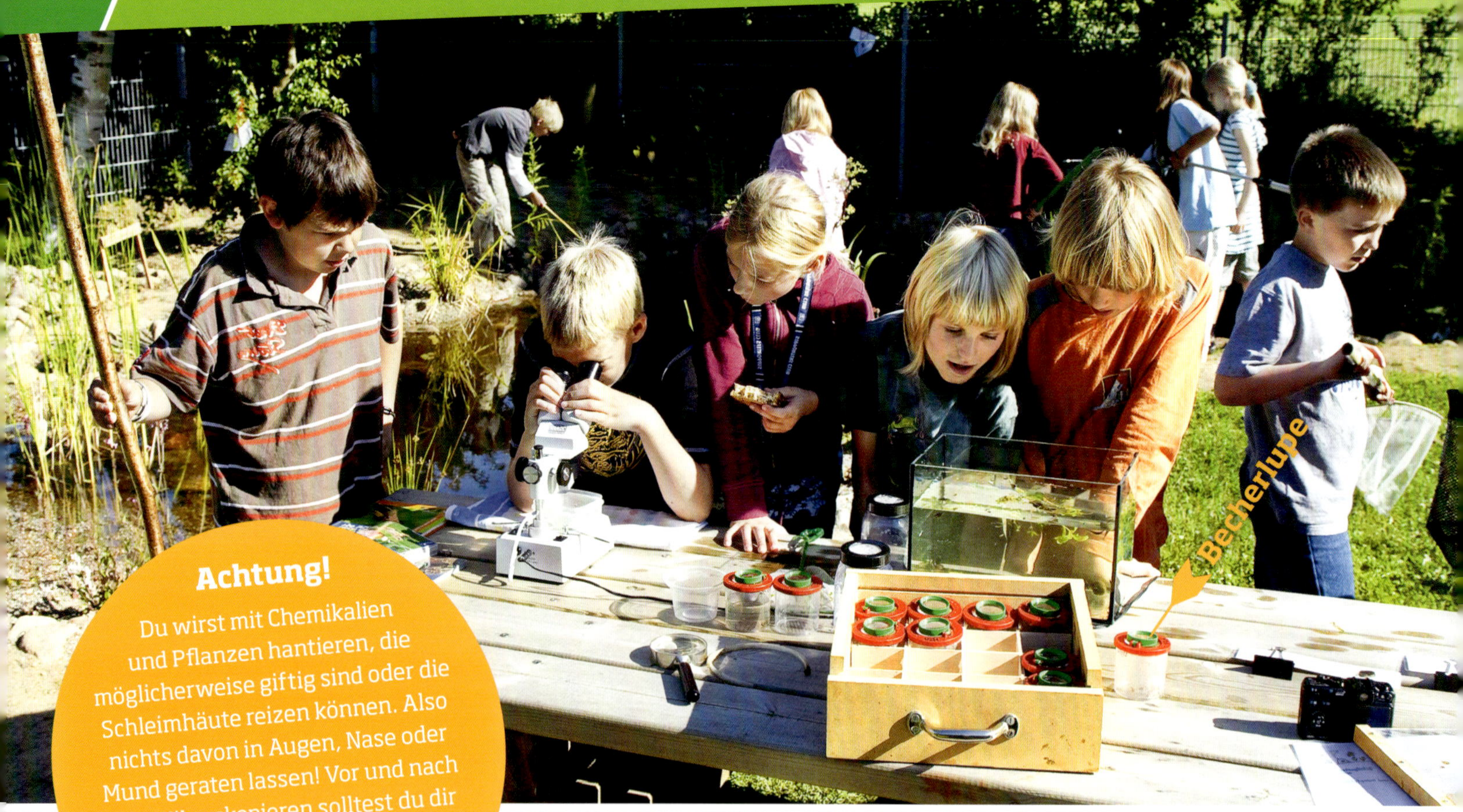

Becherlupe

Mikroskopieren im Freien. Du wirst dich wundern, was es alles in einem Gartenteich zu entdecken gibt! Für den Anfang genügt auch schon eine Becherlupe, um diese Welt zu erforschen.

Verschiedene Färbelösungen machen das eine oder andere Detail eines Präparats erst sichtbar.

Das Mikroskopierlabor

Bei der Auflichtmikroskopie kannst du die Objekte direkt unters Mikroskop legen und ohne große Vorbereitung betrachten. Für die Durchlichtmikroskopie müssen die Objekte meist besonders präpariert werden. Um also mit dem Durchlichtmikroskop loslegen und gut arbeiten zu können, benötigst du noch einiges Zubehör. Vieles gibt es in Apotheken, Fachgeschäften für Laborbedarf oder in Fotogeschäften, die auch Mikroskope führen. So manches findet sich sogar im Haushalt.

Objektträger und Deckgläser

Zunächst werden Objektträger benötigt; das sind kleine, rechteckige Glasplättchen, auf die – der Name sagt es – das zu beobach-

tende Objekt kommt. Auf das Objekt, das oft feucht ist, wird ein Deckgläschen gelegt, ein sehr dünnes, quadratisches Glasplättchen. Es schützt das Objekt vor dem Austrocknen. Die dünnen und zerbrechlichen Deckgläschen werden nur einmal verwendet. Am besten sammelst du gebrauchte Deckgläschen in einem alten Schraubglas, bevor du sie entsorgst. Die robusteren Objektträger kannst du mit Leitungswasser reinigen, dem etwas Spülmittel zugesetzt ist. So kannst du sie immer wieder benutzen.

Hantieren und Färben

Feste Objekte, wie zum Beispiel ein Fliegenbein, legst du mit einer Pinzette oder der Präpariernadel auf den Objektträger. Flüssig-

Dein Zubehör

Mit der **Pinzette (1)** kannst du kleine Objekte besser greifen. Die **Pipette (2)** benutzt du, um Flüssigkeiten oder Färbelösungen auf den Objektträger zu geben. Du kannst Pipetten aus Glas mit einem Gummihütchen oder Plastikpipetten verwenden. Die **Petrischale (3)** ist hilfreich beim Finden geeigneter Objekte. So kannst du etwa Wasserpflanzen hineingeben und mit einer Lupe Süßwasserpolypen darin ausmachen. In der Petrischale kannst du die Objekte auch direkt unters Auflichtmikroskop legen. Mit einem feinen **Pinsel (4)** oder einem Spatel platzierst du dünne Proben auf dem Objektträger. Mit dem scharfen **Skalpell (5)** oder der **Rasierklinge mit Halterung (6)** lassen sich Dünnschnitte herstellen oder Pflanzenteile abschneiden. Die **Schere (7)** hilft beim Zerteilen größerer Objekte. Mit der **Präpariernadel (8)** lassen sich besonders kleine Objekte aufnehmen oder auf dem **Objektträger (9)** zurechtrücken. Die dünnen **Deckgläschen (10)** werden auf das Objekt gelegt.

keiten, wie etwa Wasser aus einem Tümpel, werden mit der Pipette als Tropfen auf den Objektträger aufgetragen.

Flüssige oder feuchte Proben werden in verschließbaren Gläschen, zum Beispiel Marmeladengläsern, aufbewahrt. Für trockene Proben genügt ein Briefumschlag. Insekten kommen in eine Streichholzschachtel, ein Plastikdöschen oder ein Gläschen mit Verschluss. Du wirst viel mit Probenflüssigkeiten und flüssigen Färbemitteln zu tun haben, denn durch Einfärben werden manche Strukturen besser sichtbar. Filterpapier, Löschpapier oder zurechtgeschnittene Stücke Küchenpapier helfen, überschüssige Flüssigkeit und Färbelösung vom Objektträger zu saugen. Am besten arbeitest du auf einer Glasplatte – eine Größe von 10 mal 20 Zentimeter genügt vollkommen. Vielleicht findest du ja eine Glasplatte aus einem alten Bilderrahmen. Mit einer solchen abwaschbaren Unterlage hältst du deinen Mikroskopierplatz sauber.

Schere und Klinge

Ein kleines, scharfes Obstmesser und eine kleine Schere verwendest du für gröbere Schnitte. Feine Schnitte – sogenannte Dünnschnitte – erfolgen mit einem Skalpell oder einer Rasierklinge. Vorsicht, beides ist extrem scharf! Das Skalpell hat einen Haltegriff, bei der Rasierklinge lässt sich zum Schutz vor Verletzungen eine Schneide mehrfach mit Textilklebeband überkleben. Oder du verwendest gleich einschneidige Rasierklingen. Am besten bewahrst du dein Mikroskopierlabor in einer großen Kunststoffbox mit Deckel auf. So geht nichts verloren und du hast alles stets griffbereit.

Die Objekte kommen auf Objektträger. Das Deckgläschen wird daraufgelegt. Um dickere lebende Objekte wie Wasserflöhe nicht zu zerdrücken, eignen sich Objektträger mit eingeschliffener Vertiefung besonders gut.

Pflege des Mikroskops

Das Mikroskop ist ein empfindliches optisches Gerät und sollte nur an der Säule getragen werden. Wird es nicht benutzt, ist es in der Verpackung am besten aufgehoben oder es wird mit einer Kunststoffhülle vor Staub und Schmutz geschützt. Okulare und Objektive bleiben immer im Mikroskop eingesetzt; so kann kein Schmutz in den Tubus gelangen. Es lässt sich jedoch nicht vermeiden, dass die oberste Okularlinse mit Staub, Wimpernfett und Tränenflüssigkeit verunreinigt wird. Mit einem weichen und sauberen Mikrofaserputztuch wird sie schnell wieder klar.

Richtig beobachten

Mit dem Mikroskop und allem Zubehör kann es eigentlich losgehen. Jetzt fehlt nur noch ein lohnenswertes Objekt zum Mikroskopieren. Vielen Mikroskopen sind bereits einige Fertigpräparate beigefügt: ein Fliegenbein, ein hauchdünner Querschnitt durch Holz oder nahezu unsichtbare Blütenpollen.

1 Für die ersten Beobachtungen kannst du einfach nur ein Haar oder ein Stück Vogelfeder in einen Tropfen Wasser auf den Objektträger geben. Abschließend wird ein Deckgläschen daraufgelegt. Dieses gegebenenfalls noch vorsichtig mit der Rückseite der Präpariernadel oder eines Bleistifts andrücken. Überschüssiges Wasser mit einem kleinen Stück Filterpapier absaugen. Fertig ist das erste Präparat!

Die Handhabung des Mikroskops ist denkbar einfach. Achte jedoch darauf, dass die Objektivlinse niemals mit dem Objektträger zusammenstößt.

2 Achte darauf, dass sich der Tubus mit dem Objektiv nicht zu nah am Objekttisch befindet. Drehe zunächst den Objektivrevolver vorsichtig so, dass das Objektiv mit der geringsten Vergrößerung gewählt ist und auf das Loch im Objekttisch zeigt. Dass das Objektiv richtig sitzt, hörst du am Einrastgeräusch. Nun bringst du die Unterseite des Objektivs etwa einen Zentimeter über den Objekttisch. Bei manchen Mikroskopen wird der Tubus bewegt, bei anderen bewegt sich der Objekttisch auf und ab. Sieh beim Verstellen nicht durch das Okular, sondern verfolge es von der Seite. Nun erst blickst du durch das Okular und stellst die Beleuchtung ein.

3 Schiebe nun den Objektträger auf den Objekttisch unter die Halteklammern. Das eigentliche Objekt sollte sich etwa in der Mitte des Lochs im Objekttisch befinden. Verringere den Abstand von Objektiv und Objekttisch, bis sich die Objektivlinse nur knapp – etwa ein bis zwei Millimeter – über dem Deckgläschen befindet. Verfolge den Vorgang wieder von der Seite. Auf keinen Fall darf das Objektiv auf das Deckglas stoßen! Die Linse könnte dadurch zerkratzt werden.

➤ Schon gewusst?

Manchmal sieht man dunkle Flecken durchs Gesichtsfeld huschen. Das sind die Schatten von Schlieren in der Augenflüssigkeit. Sie werden vom hellen Mikroskopierlicht auf die Netzhaut des Auges projiziert. Kein Grund zur Sorge also.

4

Nun blickst du durch das Okular und vergrößerst den Abstand langsam wieder. Schließlich wird das Objekt scharf zu erkennen sein – hoffentlich ohne Verunreinigungen wie Staub oder Luftbläschen. Jetzt kannst du den Objektträger vorsichtig hin- und herschieben. Du wirst feststellen, dass links und rechts sowie oben und unten im Mikroskop vertauscht sind. Schiebst du den Objektträger also nach links, so bewegt sich das Bild nach rechts. Suche dir eine interessante Stelle des Präparats, etwa die Klauen des Fliegenbeins. Wahrscheinlich musst du nun erneut scharf stellen.

5

Hast du eine besonders spannende Stelle gefunden, kannst du sie mit höherer Vergrößerung betrachten. Drehe dafür das Objektiv mit der nächsthöheren Vergrößerung in den Strahlengang. Beobachte das Reinschwenken wieder von der Seite. So gehst du bei jedem Wechsel zu einem stärker vergrößernden Objektiv vor.

Die Pantoffeltierchen, von denen es verschiedene Arten gibt, sind einzellige Wimpertierchen. Die Süßwassertiere leben in Tümpeln, Seen und Flüssen, aber auch in Wasserpfützen. Die größten Pantoffeltierchen sind einige Zehntelmillimeter lang und bereits mit bloßem Auge zu erkennen.

Dein Beobachtungstagebuch

Ein Leitspruch der Mikroskopie lautet: »Man hat nur gesehen, was man auch gezeichnet hat!« Selbst wenn dein Mikroskop über eine USB-Kamera verfügen sollte, ersetzt diese nicht das genaue Beobachten und Skizzieren. Am besten legst du dir ein Beobachtungstagebuch an. Fertige von allen Objekten Zeichnungen an und halte alles fest, was du für wichtig hältst:

▶ Um welches Objekt handelt es sich?
▶ Wo und wann hast du es gefunden?
▶ Wie hast du präpariert und wie gefärbt?
▶ Mit welcher Vergrößerung hast du gearbeitet?
▶ Was hast du in Bestimmungsbüchern über dein Objekt in Erfahrung gebracht?

Im Inneren des Pantoffeltierchens sind winzige Bläschen zu erkennen, in denen Nahrung verdaut wird.

Pantoffeltierchen:

20.06.2015
Brombachsee

- Saust wild umher.
Deshalb mit Tapetenkleister gebremst!

- Vergrößerung:
64 bis 640x

- Bewegt sich schwimmend fort.
Antrieb: Wimpern

Im Frühjahr findest du in vielen Teichen und Weihern grüne Watte. Diese besteht unter anderem aus solchen fadenförmigen Schraubenalgen. Die Chloroplasten mit dem Blattgrün sind darin spiralförmig angeordnet.

DIY Special

Grüne Watte aus dem Teich

Schon bei geringer Vergrößerung siehst du grünliche Fäden, die aus einer Reihe von Zellen bestehen. Diese Zellen sind je nach Art mit grünen Bändern, Körnern oder sternförmigen Objekten gefüllt. Die grüne Farbe rührt vom Chlorophyll (Blattgrün) her. Es hilft den Algen, wie auch allen anderen Pflanzen, das Sonnenlicht als Energiequelle zu nutzen.

1 Angel dir mit einem Stock etwas von der grünen Algenwatte aus einem Teich und gib diese zusammen mit Teichwasser in ein Glas mit Schraubverschluss.

2 Zu Hause kannst du mit Pinzette und Schere ein kleines Stückchen von der Watte abschneiden. Setze mit der Pipette einen Tropfen Leitungswasser auf einen Objektträger und lege das Algenstückchen mithilfe der Präpariernadel hinein.

3 Nun setzt du das Deckglas darauf und saugst überschüssiges Wasser mit einem Stück Filterpapier ab. Fertig ist das Algenpräparat.

Vom Objekt zum Präparat

Nicht alle Dinge lassen sich so wie sie sind einfach unters Durchlichtmikroskop legen. Die meisten Objekte müssen für die Beobachtung erst vorbereitet werden, indem man ein dünnes Präparat herstellt. Beim Auflichtmikroskop hingegen kann munter drauflosmikroskopiert werden, da das Licht das Objekt ja nicht durchdringen muss.

In vielen Fällen ist das Präparieren aber ganz leicht. Du gibst einfach einen Tropfen Wasser auf den Objektträger und legst dann das Objekt hinein. Dann kommt ein Deckglas darauf – und fertig!

Dickere, undurchsichtige Objekte musst du erst kleinkriegen. Wie das geht, hängt vom jeweiligen Objekt ab. Hauchdünne Schnitte werden im professionellen Mikroskopierlabor mit teuren Schneidevorrichtungen, den Mikrotomen, hergestellt. Aber es geht auch billiger – mit Karotte und Rasierklinge.

Zeitungsdruck

Ein Stück Zeitungsfoto in einem Tropfen Wasser: Unterm Mikroskop erkennt man zahlreiche Farbpunkte.

Wie stellt man Dünnschnitte her?

So funktioniert ein günstiges Karotten-mikrotom: Schneide die Karotte mit dem Messer ein Stück der Länge nach auf **(1)**. Nun gibst du das Objekt (zum Beispiel ein Pflanzenblatt) in den Schlitz **(2)**. Durch Druck wird das Objekt festgeklemmt. Lege die Karotte auf eine feste Unterlage und schneide mit der Rasierklinge zunächst ein dickeres Stück der Karotte mit Blatt ab **(3)**. So erzeugst du eine erste saubere Schnitt-fläche. Gib dann einen Tropfen Wasser darauf. Bei weiteren Schnitten setzt du die Rasierklinge am Rand auf der Schnittfläche der Karotte an und versuchst, möglichst dünne Querschnitte zu erhalten **(4)**. Um die empfindlichen Pflanzenzellen nicht zu zerquetschen, nicht drückend, sondern ziehend schneiden. Setze dazu die Rasier-klinge flach an. Den fertigen Dünnschnitt nimmst du vorsichtig auf und gibst ihn auf den Objektträger in einen Tropfen Wasser **(5)**. Lege dann ein Deckgläschen darauf. Einen Dünnschnitt herzustellen, der nicht zu dick geraten ist, erfordert einige Übung. Am besten fertigst du gleich mehrere Schnitte an. Je öfter du es probierst, desto leichter wird es dir gelingen.

Von Stängeln und Knollen

Wie sehen die Stängel verschiedener Pflan-zen – Mais, Brennnessel, Stangensellerie – im hauchdünnen Querschnitt aus? Du kannst auch Dünnschnitte von Früchten oder Wurzelknollen wie Apfel oder Kartoffel herstellen. Ein solches dickeres Objekt kann es erfordern, dass du mit dem Skalpell oder einem scharfen Messer ein größeres Loch in die Karotte schneidest.

Pflanzenstängel

Der Dünnschnitt zeigt es: Der Stängel einer Mais-pflanze besteht aus zahlreichen Rohrleitungen. Über die dicken Rohre gelangen Wasser und mineralische Nährstoffe von den Wurzeln in alle anderen Pflanzenteile. Die dünneren Leitungen dienen dazu, den in den Blät-tern durch Fotosynthese gebildeten Zucker dorthin zu transportieren, wo die Pflanze gerade neue Zellen bildet.

Weg mit den Luftblasen!

Es gibt einen einfachen Trick zum Entfernen störender Luftblasen: Sauge einen zusätzlichen Tropfen Leitungs-wasser mithilfe eines Stücks Filterpapier unter dem Deck-glas hindurch. Der Wasserstrom zieht die Luftbläschen mit sich.

FORSCHERTIPP

Blut enthält zahlreiche rote Blut-körperchen, die den Sauerstoff transportieren. Andere Blutzel-len dienen der Bekämpfung von Bakterien und Viren.

Die Zelle – Baustein des Lebens

Blut – der Saft des Lebens

Solltest du dich einmal versehentlich geschnitten haben, dann hast du Gelegenheit, dein Blut im Mikroskop anzusehen. Dazu gibst du einen kleinen Tropfen Blut auf die eine Hälfte eines sauberen Objektträgers. Tauche die Kante eines zweiten Objekt-trägers in den Tropfen und schiebe sie über dem anderen Objektträger entlang, sodass ein dünner Blutfilm entsteht. Lege ein Deckglas darauf. Unter dem Mikroskop siehst du die roten Blutkörperchen, die den Sauerstoff in der Lunge auf-nehmen und durch deinen Körper transportieren – zu all den anderen Zellen, wo er benötigt wird. Ein Tropfen Blut enthält hundert Millionen rote Blutkörperchen! Der Farbstoff Hämoglobin gibt ihnen und dem Blut die rote Farbe.

Mit einem Objektträger dünnst du einen Tropfen Blut zu einem feinen Film aus. In diesem Blutausstrich liegen die Blut-zellen vereinzelt vor.

Alle Lebewesen sind aus winzi-gen Einheiten aufgebaut, den Zellen. Einige Organismen bestehen aus nur einer Zelle, andere aus Tausenden oder gar Billionen. Der englische Physiker Robert Hooke hat den Begriff vor über 300 Jahren geprägt, als er tote Zellen in Form von kleinen Kammern im Kork entdeckt hat. Du kannst ganz leicht lebende Zellen mit dem Mikroskop untersuchen.

Was die Zelle zusammenhält

Jede Zelle wird von einer dünnen Haut umschlossen, der Zellmembran. Sie schützt die Zelle vor Eindringlingen, hält alle Zellbestandteile zusammen und sorgt dafür, dass das Zellplasma, eine zähe Flüssigkeit, nicht auseinan-derfließt. Dabei ist die Zellmembran nicht vollkommen dicht. Sie hat zahl-reiche Öffnungen, durch die zum Bei-spiel Wasser treten kann. Ist eine Zelle von einer konzentrierten Zucker- oder Salzlösung umgeben, kann sie so viel Wasser verlieren, dass sie schrumpft und am Ende sogar abstirbt. Ist sie hin-gegen von destilliertem, also völlig reinem Wasser umgeben, dringen Was-sermoleküle in die Zelle ein und können sie sogar platzen lassen.

Wunderbare Pflanzenzellen

Anders als tierische Zellen verfügen Pflanzenzellen neben der dünnen Zellmembran noch über eine darüber-liegende feste Wand aus Zellulose. Sie bietet noch größeren Schutz. Zudem enthalten einige Pflanzenzellen Chloroplasten – das sind kleine Behälter, die den grünen Blattfarbstoff Chlorophyll enthalten. Das Chlorophyll ermöglicht den Pflanzen die Fotosynthese. So wird der chemische Vorgang genannt, bei dem Pflanzen aus Wasser und Kohlendioxid mithilfe von Sonnenlicht Zucker erzeugen.

Der Zellkern

Pflanzen- und Tierzellen haben einen Zellkern, der die Erbinformation – also den Bauplan eines Lebewesens – enthält. Zellen können sich teilen, um neue Zellen hervorzubringen. Dann löst sich die Hülle des Zellkerns kurzzeitig auf und es bilden sich zwei neue Zellkerne.

DIY Special

Zellen aus dem Mund

Schabe mit einem Teelöffel oder mit einem Löffelstiel leicht an der Innenseite deiner Wange. Du kannst auch mit einem Wattestäbchen über deine Mundschleimhaut reiben. Durch das Schaben werden einzelne Zellen aus der Schleimhaut gelöst. Betrachte nun diesen Abstrich der Mundschleimhaut unter dem Mikroskop. Am besten lassen sich diese Zellen mit Methylenblau oder blauer Tinte anfärben. So werden die Zellkerne besonders gut sichtbar.

DIY Special

Zwiebelzellen

1 Halbiere eine Zwiebel. In die Mitte einer dicken Zwiebelschicht schneidest du mit dem Skalpell ein kleines Quadrat und ziehst mit der Pinzette oder Präpariernadel ein dünnes Häutchen ab.

2 Das Zwiebelhäutchen kommt in einen Tropfen Wasser auf dem Objektträger. Die Präpariernadel hilft dabei.

3 Jetzt kommt noch das Deckglas darauf. Setze es schräg auf der einen Seite auf und senke es dann vorsichtig ab.

4 Um den Zellkern besser sehen zu können, färbst du das Präparat ein. Gib dazu einen Tropfen des Farbstoffes (blaue Tinte oder Jodlösung) an den Rand des Deckglases. Mit einem Stück Filterpapier ziehst du das Wasser an der gegenüberliegenden Seite heraus. Der Farbstoff läuft nach und färbt das Präparat ein. Aber Vorsicht! Jod darf nicht mit den Metallteilen des Mikroskops in Berührung kommen.

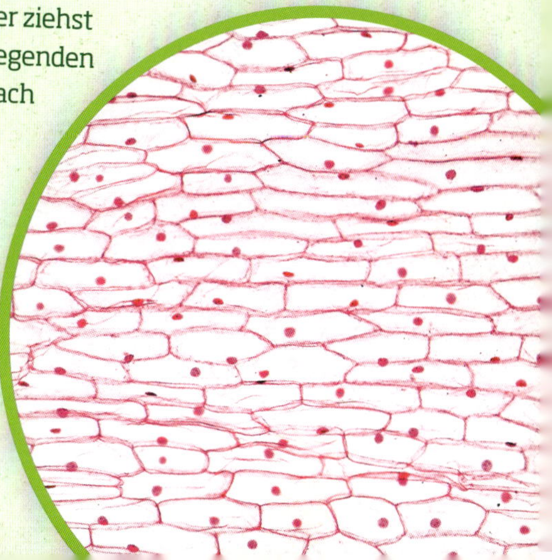

Die länglichen Zellen eines Zwiebelhäutchens: Durch Färben sind Zellwand und Zellkern deutlich zu erkennen.

Leben im Wassertropfen

Wasser ist voller winziger Lebewesen. Wer jedoch glaubt, er müsse nur einen Tropfen Leitungswasser unters Mikroskop legen, wird enttäuscht. Unser Leitungswasser ist schlichtweg zu sauber. Am besten holst du dir Wasserproben aus einem Tümpel.

Wie sammelt man Proben richtig?

Weil der größte Teil der Mikroorganismen auf einem sogenannten Substrat sitzt, einer festen Unterlage, sammelst du mit dem Wasser am besten auch Steine, Holz, Wasserpflanzen, Pflanzenreste, Laub, Bodengrund oder Schilfstängel ein. Zu Hause kannst du diesen dann abschaben und den Belag unterm Mikroskop betrachten. Es lohnt sich, Wasserproben von unterschiedlichen Orten zu untersuchen. Nimm Proben aus Bach, Weiher und Regentonne. Aber auch im Aquariumsfilter oder im abgestandenen Wasser einer Blumenvase wird man fündig.

Wunderwelt Plankton

Mit dem bloßen Auge kann man im Tümpelwasser bereits Insektenlarven, Wasserkäfer und Wasserflöhe erkennen. Doch erst mit dem Mikroskop erschließt sich die vielfältige Welt des Planktons. Zum Plankton gehören alle Organismen, die im Wasser schweben und von der Wasserströmung fortgetragen werden, weil sie aus eigenem Antrieb nicht gegen die Strömung anschwimmen können. Plankton besteht somit aus winzigen Pflanzen, Tieren und Bakterien.

Glockentierchen

Manche Glockentierchen bilden Kolonien. Man findet sie auf Algenfäden, wo sie fest auf ihren langen Stielen sitzen. Bei Erschütterung rollt sich der Stiel blitzschnell spiralförmig zusammen.

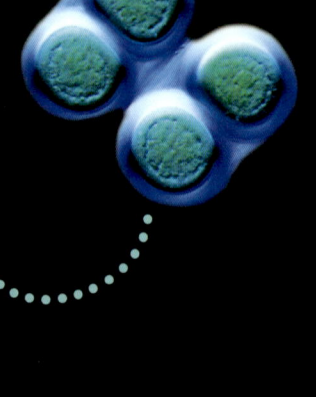

Kugelblaualge

Die Kugelblaualge gehört zu den Cyanobakterien. Sie pflanzt sich durch Zellteilung fort. Die Tochterzellen werden von einer gallertartigen Hülle zusammengehalten.

Volvox

Tümpelschönheit. Die Kugelalge Volvox ist eine mit Gallerte angefüllte Hohlkugel. In ihrem Inneren wächst bereits die nächste Generation heran. Stirbt die Kugel, so werden die kleinen Kugeln freigesetzt.

FORSCHERTIPP

Kleister und Knete

Manche Wimpertierchen, so die Pantoffeltierchen, flitzen aufgeregt umher. Damit du sie besser betrachten kannst, hilft Tapetenkleister (Gluotin). Sauge mit einem Filterpapier etwas mit Wasser verdünnten Tapetenkleister unter das Deckglas. Er bremst die Pantoffeltierchen und du kannst sie leichter beobachten.

Heuaufguss

In ein Einmachglas gibst du eine Handvoll Heu oder altes Gras und füllst es mit Wasser aus dem Tümpel oder der Regentonne auf. Das Glas lässt du einige Tage in der Sonne stehen. An der Wasseroberfläche bildet sich eine dünne Haut. Diese Kahmhaut besteht aus stäbchenförmigen Heubazillen, die sich mit Geißeln fortbewegen. Im Wasser kannst du unterm Mikroskop außerdem Amöben und Pantoffeltierchen sehen. Ein solcher Heuaufguss riecht unangenehm, also das Einmachglas besser dicht verschließen.

Mondalge

Die Große Mondalge gehört zu den Jochalgen, die fast immer gleichmäßig aufgebaut sind. Solche Zieralgen findet man besonders häufig in moorigen Tümpeln.

Zackenrädchen

Diese Grünalge besteht aus 8 bis 32 Zellen. Beim Zackenrädchen haben sich die Grünalgen zu einer scheibenförmigen Kolonie mit gezacktem Rand zusammengefunden – daher der Name.

Amöbe

Amöben haben keine feste Form und keinen Mund. Dennoch können sie fressen: Sie umfließen einfach ihre Beute und nehmen sie so in ihren Körper auf.

Hüpferling

Hüpferlinge gehören wie Wasserflöhe auch zu den Kleinkrebsen. Mit den vorderen Antennen schlagen sie ruckartig nach hinten und bewegen sich so hüpfend vorwärts.

Trompetentierchen

Während sich Pantoffeltierchen frei im Wasser bewegen, sitzen Trompetentierchen mit ihrem Stiel fest auf einer Unterlage, etwa Algenfäden. Mit ihrem Kranz aus Wimpern strudeln sie Nahrung in sich hinein.

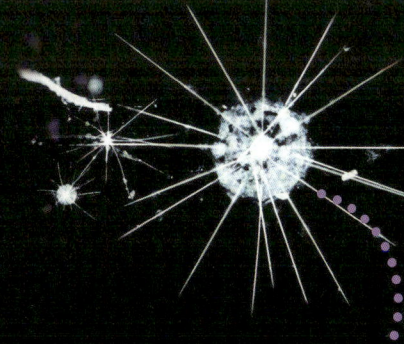

Sonnentierchen

Die Strahlen sind eigentlich Fangapparate. Kleinere Wimpertierchen, die daran stoßen, werden gelähmt, festgehalten und verdaut.

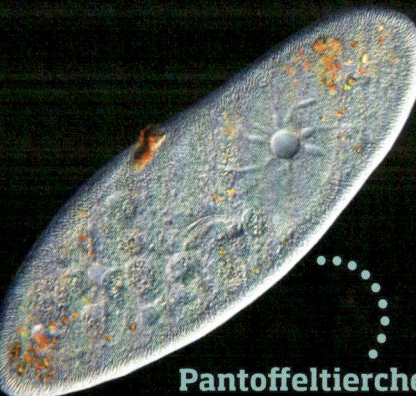

Pantoffeltierchen

Die einzelligen Pantoffeltierchen sausen auf der Suche nach Nahrung aufgeregt umher. Ihre Oberfläche ist von zahlreichen winzigen Wimpern besetzt, die hin- und herschlagen und so wie Paddel wirken. Die Pantoffeltierchen zählen daher zu den Wimpertierchen.

Kein Gummibärchen und auch kein Staubsaugerbeutel, sondern ein hungriges Bärtierchen zwischen Moosblättchen.

Stars
unter dem
Mikroskop

Wasserfloh, Süßwasserpolyp und Bärtierchen sind drei lohnenswerte und hochspannende Objekte. Hier erfährst du, was diese Tiere so besonders macht. Lerne außerdem, mit welchen Tricks du sie einfängst und vors Objektiv bekommst. Viel Glück bei der Jagd!

Unglaublich!

Wissenschaftler haben Bärtierchen sogar ins All befördert, wo sie tödlicher UV-Strahlung, Eiseskälte und dem Weltraumvakuum, einem luftleeren Raum also, ausgesetzt waren. Nach ihrer Rückkehr zur Erde erwachten viele wieder aus ihrer Kältestarre und pflanzten sich sogar fort!

Bärtierchen

Die Bärtierchen sind nur etwa einen halben Millimeter groß und finden sich im Meer, im Gletschereis, in heißen Quellen und im Wald. Doch am leichtesten stöbert man sie in Moospolstern auf, die auf Felsen oder gekalkten Mauern wachsen. Entferne Erde und anderes Material vom Moospolster und lege es mit der grünen Seite nach unten in eine Petrischale. Nun gießt du so viel Wasser darüber, bis das Moos vollgesogen ist und Wasser in der Schale steht. Nach einigen Stunden kannst du das Moos aus der Schale nehmen. Suche mit der Lupe im Wasser nach Bärtierchen und fange sie mit der Pipette ein. Bärtierchen lieben eine feuchte Umgebung, überstehen jedoch auch längere Trockenzeiten. Sie rollen sich dann zu »Tönnchen« zusammen und warten oft Jahrzehnte, bis es wieder genügend Wasser gibt. In diesem todesähnlichen Zustand wird ihr Stoffwechsel auf ein Minimum heruntergefahren. Wenn es wieder feucht wird, quellen die Bärtierchen wieder auf.

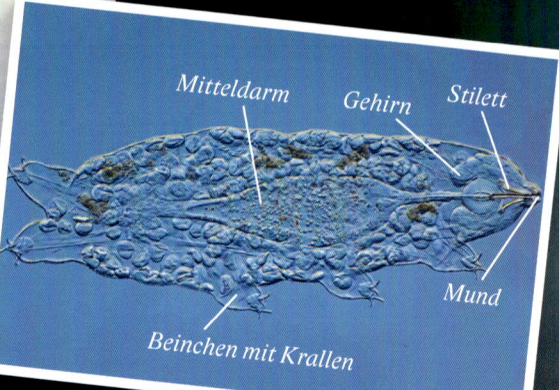

Mitteldarm *Gehirn* *Stilett*

Mund

Beinchen mit Krallen

Manche Bärtierchenarten sind Allesfresser, andere Vegetarier. Mit spitzen Röhren, ihren sogenannten Stiletts, piksen sie etwa Wimpertierchen oder die Zellen von Moosblättchen und saugen ihren Inhalt auf.

Wasserfloh

Besonders schöne Objekte sind Wasserflöhe. Um einen Wasserfloh zu fangen, gibt es einen Trick: Ziehe das Gummihütchen einer Glaspipette ab und halte die Spitze mit dem Finger verschlossen. Das andere Ende mit der weiten Öffnung des Glasröhrchens bringst du nun von oben in die Nähe des Flohs. Gib dann die Spitze frei, sodass das Wasser zusammen mit dem Wasserfloh in die Pipette eindringen kann. Die Spitze sofort wieder mit dem Finger verschließen und das Wasser samt Floh auf den bereitgestellten Objektträger fließen lassen. Vorbereitetes Deckgläschen darauf und beobachten.

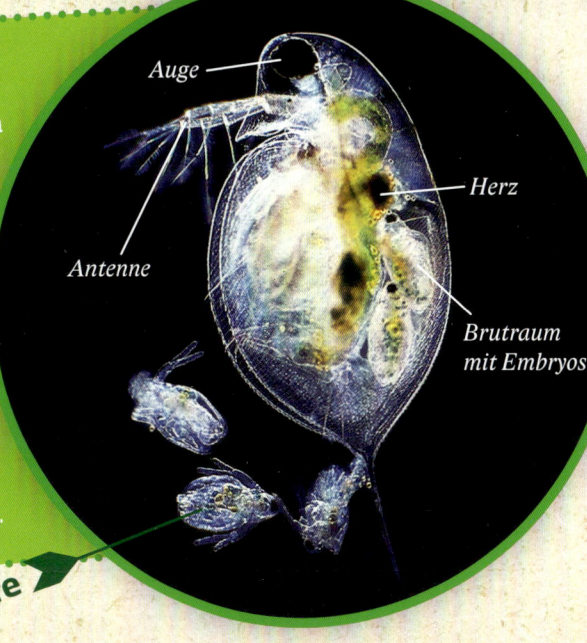

Auge

Antenne

Herz

Brutraum mit Embryos

Die Antennen des Wasserflohs dienen als Ruder zur Fortbewegung. Die Weibchen tragen im Hinterleib Eier, die dort heranwachsen. Achte auch auf das schlagende Herz!

Jungtiere

Süßwasserpolyp

Der Süßwasserpolyp Hydra vulgaris sitzt oft auf Schilfstängeln und anderen Wasserpflanzen. Sammle verschiedene Pflanzenteile zusammen mit Wasser aus unterschiedlichen Gewässern und lasse diese im Marmeladenglas ein paar Tage in einem kühlen Raum stehen. Der Polyp wird sich wahrscheinlich zusammenziehen, vermeide also Erschütterungen. Mit der Lupe suchst du die Pflanzenteile nach Polypen ab. Manche werden bis zu einem Zentimeter groß! Zwar sieht der Süßwasserpolyp wie eine festgewachsene Pflanze aus; dennoch ist er ein Tier. Um seinen Standort zu wechseln, löst er seinen Fuß vom Untergrund und bewegt sich wie eine Spannerraupe vorwärts – oder er schlägt mit seinen Armen, den Tentakeln, sogar Purzelbäume.

Mahlzeit! Kommt ein Wasserfloh den Tentakeln der Hydra zu nahe, bleibt er daran haften und wird zum Mund geführt.

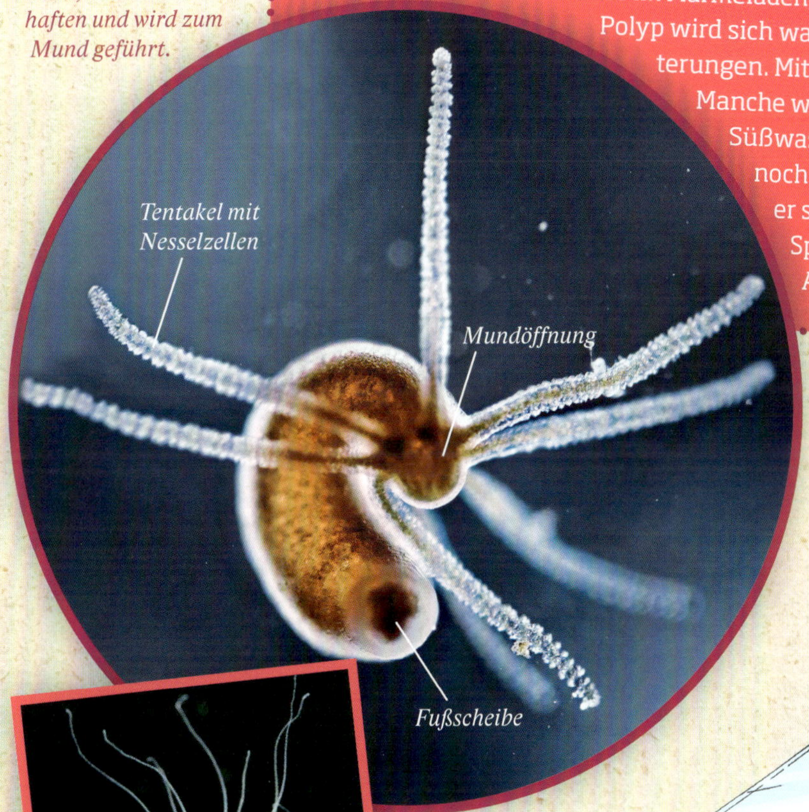

Tentakel mit Nesselzellen

Mundöffnung

Fußscheibe

Der Süßwasserpolyp hat sich mit seinem Fuß auf einer Wasserpflanze festgesaugt.

Bitte nicht erdrücken!

Wasserfloh, Süßwasserpolyp und Bärtierchen sind die Stars unter den Mikroorganismen. Aber Vorsicht! Sie sind so groß, dass die Gefahr besteht, sie mit dem Deckglas zu erdrücken. Um das zu verhindern, kannst du mit jedem der vier Ecken des Deckgläschens über das Wachs einer Kerze streichen. Die Wachsfüßchen dienen als Abstandshalter. Auch mit Knetmasse lassen sich winzige Knetkügelchen als Abstandshalter herstellen. Oder du klemmst zwei kurze Stückchen Nylonschnur unter die Kanten des Deckgläschens. Am besten nimmst du aber einfach einen Objektträger, der eine Vertiefung eingeschliffen hat.

FORSCHERTIPP

Wachsfüßchen

Grüne Welten

Sie geben uns Nahrung und frische Luft zum Atmen. Sie reinigen die Atmosphäre und sorgen für ein angenehmes Klima. Die Rede ist von Pflanzen. Ohne sie könnten weder Tiere noch Menschen existieren, denn sie wandeln Kohlendioxid und Wasser in Zucker und Stärke um und geben gleichzeitig lebenswichtigen Sauerstoff ab. Mit dem Mikroskop kannst du den Feinbau der Pflanzen untersuchen.

Rohrleitungen

Fertige mit dem Karottenmikrotom Querschnitte von Blättern, Stängeln und Wurzeln an. Was kannst du bereits am ungefärbten Präparat erkennen? Was offenbart sich erst durch Färben? Du wirst Röhren entdecken, über die die Pflanze mit Wasser und mineralischen Nährstoffen versorgt und über die bei der Fotosynthese gebildeter Zucker abtransportiert wird. Die feinen Wurzelspitzen, mit denen die Pflanzen Wasser und Nährstoffe aus dem Boden aufnehmen, kannst du direkt in einem Tropfen Wasser mikroskopieren. Es lohnt sich, auch von einer dickeren Stelle der Wurzel einen Querschnitt anzufertigen.

Spaltöffnungen an der Unterseite eines Pflanzenblatts im Rasterelektronenmikroskop.

Atemöffnungen

Für die Fotosynthese benötigen Pflanzen Kohlendioxidgas, aus dem sie mithilfe von Sonnenlicht Zuckermoleküle aufbauen. Kohlendioxid wird von Tieren und Menschen ausgeatmet und ist somit in der Luft enthalten. Pflanzen atmen auch, nur eben Kohlendioxid. An den Unterseiten grüner Pflanzenblätter kannst du mit dem Mikroskop winzige Atemöffnungen, die sogenannten Spaltöffnungen, erkennen. Am besten nimmst du ein Tulpen- oder Löwenzahnblatt und schneidest an der Unterseite mit der Rasierklinge oder dem Skalpell schräg und flächig ab. Ein solcher Flächenschnitt gelingt besonders gut, wenn du das Blatt über ein Gläschen legst. Schneide am besten gleich mehrere Stückchen ein. Mit der Pinzette löst du das dünne Häutchen ab und kannst es dann in einem Wassertropfen mikroskopieren. Suche dir eine dünne Stelle zum Betrachten, dann wirst du längliche Zellen erkennen. Zwischen diesen Zellen siehst du ovale Gebilde mit einem Spalt in der Mitte. Dies sind die Spaltöffnungen. Jeder Spalt ist von zwei Schließzellen umgeben. In der Nacht, wenn es dunkel ist und keine Fotosynthese stattfinden kann, verschließt die Pflanze die Atemöffnungen, damit nicht allzu viel Wasser verdunstet. Tagsüber sind die Spaltöffnungen offen.

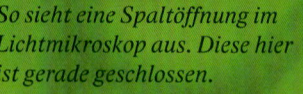
So sieht eine Spaltöffnung im Lichtmikroskop aus. Diese hier ist gerade geschlossen.

So gelingen Flächenschnitte von Pflanzenblättern: Lege das Blatt über einen Korken oder ein Gläschen und setze die Rasierklinge möglichst flach an.

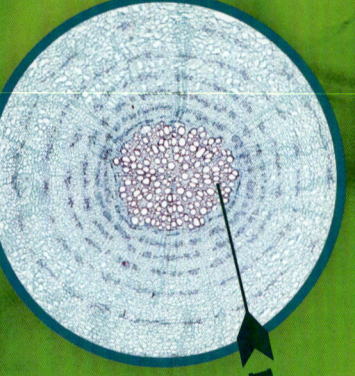
Röhren
Eine Löwenzahnwurzel im Querschnitt. Über ein Bündel von Rohrleitungen wird die Pflanze mit Wasser und Nährstoffen versorgt.

Rohrleitung

Grüne Kraftwerke

Im Wald und an feuchten Stellen findest du Laubmoose. Du kannst die Moosblättchen abzupfen und ohne weiteres Präparieren in einem Tropfen Wasser mikroskopieren. Die kugelförmigen Chloroplasten enthalten das Chlorophyll, wie das Blattgrün auch genannt wird. Darin findet die Fotosynthese statt.

Säurespritze

Die Brennnessel schützt sich mit ätzender Säure: Jedes Brennnesselhaar ist mit Ameisensäure gefüllt. Bei der geringsten Berührung bricht das Köpfchen an der Spitze ab und macht das Haar zu einer Injektionsnadel.

Köpfchen ➤

Starke Körner – Stärkekörner

DIY Special

Den bei der Fotosynthese gebildeten Zucker benötigen Pflanzen als Baustoff, um zu wachsen. Außerdem speichern sie einen Teil des Zuckers – und damit Energie – in Form von Stärke, etwa in der Kartoffelknolle. Diese Stärke kann man unter dem Mikroskop sehen.

1 Halbiere eine Kartoffel und schabe mit dem Skalpell etwas Kartoffelsaft von der Schnittfläche.

2 Gib den Saft in einen Tropfen Wasser und setze ein Deckglas darauf. Unter dem Mikroskop siehst du ovale Gebilde. Es handelt sich um Stärkekörner, auch Amyloplasten genannt. Sie enthalten pflanzliche Stärke, also Kohlenhydrate, einen wichtigen Bestandteil unserer Nahrung.

3 Ziehe mithilfe eines Filterpapiers einen Tropfen Jodtinktur unter dem Deckglas hindurch. Jod reagiert mit der Stärke und färbt die Stärkekörner blauviolett bis schwarz. So kannst du sie noch besser erkennen.

4 Vergleiche die Stärkekörner von Weizen, Mais, Bohnen, Erbsen, Linsen und der Banane. Sie haben verschiedene Formen und lassen sich gut unterscheiden.

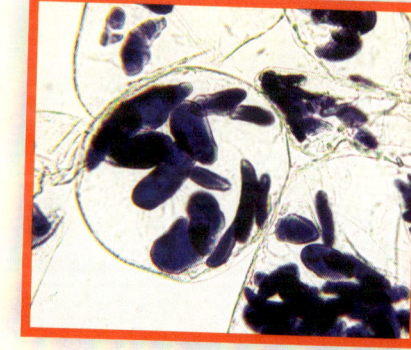

Banane

Das Fruchtfleisch der Banane in einem Tropfen Wasser aufgeschlämmt. Die Stärkekörner wurden mit Jodtinktur blau angefärbt.

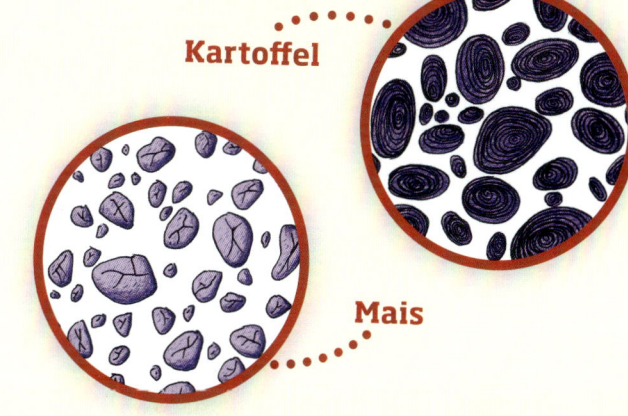

Kartoffel

Mais

Pflanzenpollen gibt es in vielen Größen und Formen. Einige Pollen werden vom Wind, andere von Insekten verbreitet. Den Unterschied erkennst du im Mikroskop an der Form.

Pollen mit Zacken haften an Insekten

Pollen mit Luftsäckchen werden vom Wind verweht

Pollen

Wenn Pflanzenpollen fliegen, dann ist Heuschnupfenzeit. Mit dem Wind werden Pollen über weite Strecken von einer Blüte auf eine andere transportiert. Pollen sind zwar winzig, aber enorm wichtig bei der Verbreitung und dem Erhalt einer Pflanzenart.

Fliegende Pollenboten

Einige Pflanzen setzen dabei auf die Mitwirkung von Insekten. Sie locken Bienen mit süßem Nektar an. Die Bienen landen auf der Blüte und saugen mit ihrem Rüssel den Pflanzennektar auf. Gleichzeitig sammeln sich an ihren Hinterbeinen gelbe »Reiterhosen« aus Pollen an. Schon geht es ab zur nächsten Blüte, wo dann die Pollen auf die Narbe des weiblichen Fruchtblatts gelangen. Die Pflanze ist nun bestäubt, es kann sich eine Frucht entwickeln – etwa ein Apfel mit Apfelkernen. Diese Samen des Apfels keimen später aus und es wächst ein neuer Apfelbaum.

DIY Special

Was ist drin im Honig?

Honig ist süß und lecker. Doch ist auch das im Glas drin, was auf dem Etikett steht? Weil eine Biene an ihren Hinterbeinen immer auch Pollen in den Bienenstock trägt, kannst du an ihnen erkennen, auf welchen Blüten die Biene Nektar gesammelt hat. Stammt nun zum Beispiel dein Rapshonig tatsächlich zu mindestens 50 Prozent aus Rapsblüten? Mit dem Mikroskop kannst du eine Pollenanalyse durchführen und genau das überprüfen! Dazu musst du die im Honig enthaltenen Pollen anreichern. Gib hierfür einfach einen Teelöffel Honig und zwei bis drei Teelöffel warmes Wasser in ein kleines Gläschen und rühre so lange, bis sich der Honig komplett aufgelöst hat. Verschließe das Glas und lasse es etwa zwei Tage ruhig stehen. Die Pollen sammeln sich am Boden des Glases, einige schwimmen an der Oberfläche. Mit der Pipette nimmst du etwas vom Bodensatz auf und mikroskopierst einen Tropfen. Vergleiche die Pollen mit deiner Pollensammlung.

Die Welt würde ohne die emsige Arbeit der Bienen anders aussehen. Denn sie bestäuben Blüten – darunter auch solche, von deren Früchten wir uns ernähren.

Dauerpräparate herstellen

Vielen Mikroskopsets liegen Dauerpräparate bei. Du kannst aber auch eigene Dauerpräparate herstellen. Bringe dazu eine geringe Menge Glyceringelatine in einem kleinen Gläschen im heißen Wasserbad zum Schmelzen. Mit der Pipette gibst du einen kleinen Tropfen auf einen Objektträger. Du kannst auch ein Stückchen Glyceringelatine direkt auf dem Objektträger mit einer nicht rußenden Flamme, etwa der eines Gasfeuerzeugs, schmelzen. Eine Kerzenflamme rußt und eignet sich dafür nicht so gut. Steche Luftblasen in der flüssigen Glyceringelatine mit der Präpariernadel auf. Dann überträgst du das Objekt vorsichtig mithilfe eines feinen Pinsels, der Pinzette oder der Präpariernadel auf den Tropfen und legst ein Deckgläschen darauf. Klebe einen kleinen Zettel auf eine Seite des Objektträgers, auf dem steht, um welches Objekt es sich handelt und wie und wann das Präparat angefertigt wurde. Fertig ist das Dauerpräparat!

1 Ein Stückchen Glyceringelatine wird mit der Feuerzeugflamme aufgeschmolzen. Luftbläschen lassen sich einfach mit der Präpariernadel beseitigen.

2 Nun das Objekt vorsichtig in die flüssige Glyceringelatine einbetten. Das kann ein Blatt sein, ein Fliegenbein oder auch Blütenpollen.

3 Deckgläschen aufsetzen. Objektträger beschriften und trocknen lassen. Die Dauerpräparate können leicht zerfließen und sollten deshalb waagerecht gelagert werden.

Du kannst dir eine Pollensammlung aus Dauerpräparaten anlegen. Das Foto zeigt Kiefernpollen bei 180-facher Vergrößerung im Lichtmikroskop.

Auf die Form kommt es an

Jede Pflanze hat ihre eigene Pollenform. Die Pollen von windbestäubten Pflanzen sehen anders aus als die Pollen von Pflanzen, die von Insekten bestäubt werden. Fichtenpollen zum Beispiel mit ihren beiden Luftsäckchen und die gezackten Pollen des Löwenzahns unterscheiden sich grundlegend voneinander. Die Luftsäckchen bewirken, dass die Fichtenpollen möglichst weit mit dem Wind fortgetragen werden. Die Zacken und Haken der Löwenzahnpollen sorgen dafür, dass die Pollen besonders gut an Insekten festhängen und von diesen zur nächsten Blüte transportiert werden.

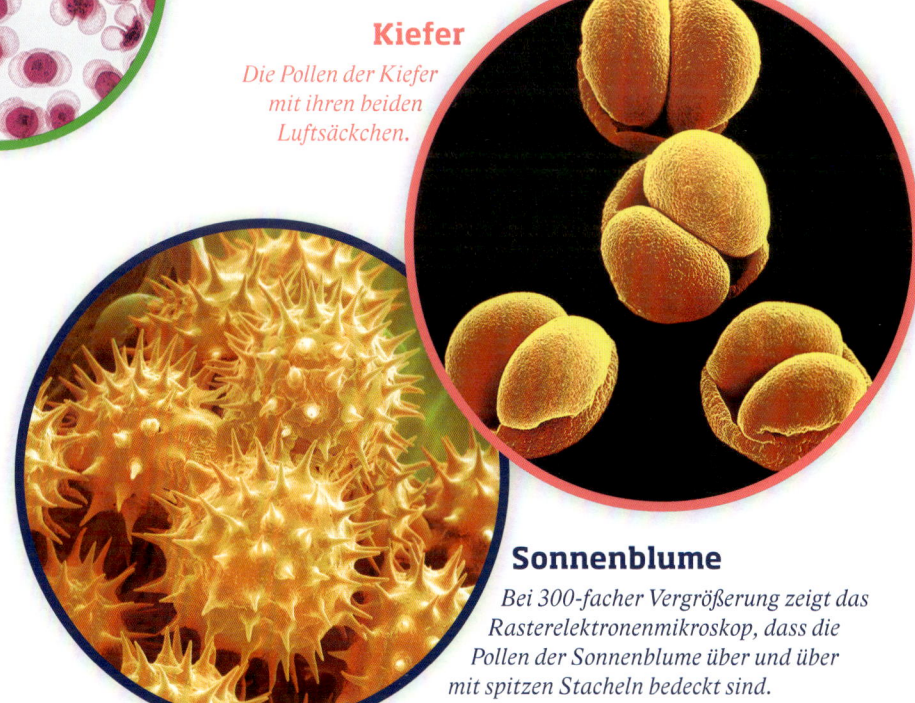

Kiefer
Die Pollen der Kiefer mit ihren beiden Luftsäckchen.

Sonnenblume
Bei 300-facher Vergrößerung zeigt das Rasterelektronenmikroskop, dass die Pollen der Sonnenblume über und über mit spitzen Stacheln bedeckt sind.

Enorm belastbar

*Die dünne Haut des Fliegen-
flügels ist von Adern
durchzogen. Das gibt
ihm die notwendige
Festigkeit für extreme
Flugmanöver.*

Schnellblicker

*Das Fliegenauge besteht aus
Tausenden sechseckigen
Einzelaugen. Die Fliege
sieht damit zehnmal
schneller als der
Mensch. Nähert sich
eine Hand, sieht die
Fliege das in Zeitlupe
und macht sich recht-
zeitig aus dem Staub.*

Was da kriecht und fliegt

Monsterkralle

*Ein Fliegenbein mit klebrigen
Fußlappen und hakenförmigen
Haltehilfen. Damit kann die Fliege
auch kopfüber an der Zimmerdecke
landen und findet sogar an Fenster-
scheiben sicheren Halt.*

Nassstaubsauger

*Fliegen ernähren sich am liebsten
von Flüssigem. Feste Nahrung
speicheln sie mit Verdauungssaft
ein und saugen dann das Vorver-
daute mit dem Rüssel auf.*

Auf unserem Planeten leben Millionen verschiedener Insektenarten.
Allen gemeinsam sind sechs Beine
und gegliederte Körper, die aus Kopf, Brust
und Hinterleib bestehen. Im Wald und auf
der Wiese wirst du genügend unterschiedliche Insekten für deine Beobachtungen
finden: Schmetterlinge, Käfer, Grashüpfer,
Wespen, Ohrwürmer, Blattläuse und viele
andere. Lebende Insekten betrachtest du
am besten mit der Becherlupe oder in der
Petrischale im Auflichtmikroskop. Setze sie
danach behutsam wieder dort aus, wo du
sie gefunden hast.

Spannende Fundstücke

Um einzelne Körperteile im Durchlichtmikroskop zu untersuchen, müssen keine
Tiere sterben. Du findest tote Insekten, Spinnen und andere Kleintiere unter Steinen und
Brettern, in Schuppen und an vielen anderen
Orten. Die Tiere kannst du in kleinen Proben-
gläschen in Brennspiritus aufbewahren.

Teppichmonster

Die gefräßigen Hausstaubmilben haben acht Beine und gehören zu den Spinnentieren. Milbenkot löst bei einigen Menschen allergische Reaktionen aus.

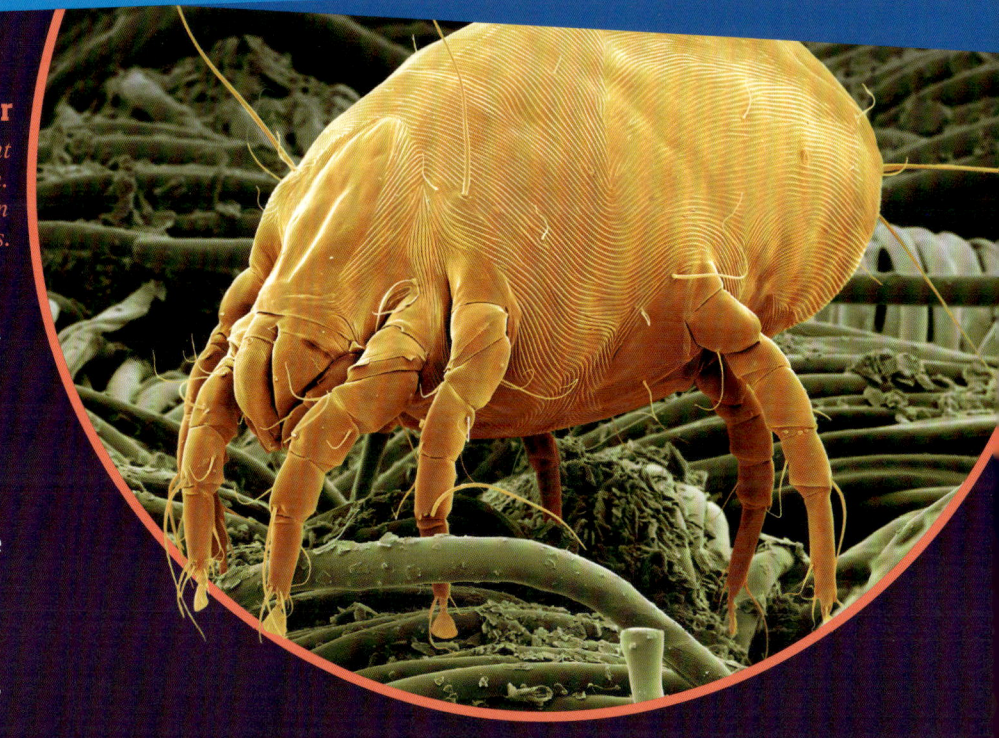

Mit Pinzette und Skalpell oder einer kleinen Schere trennst du die Teile ab, die du beobachten möchtest. Die zarten und durchsichtigen Flügel sind besonders spannend und zugleich einfach zu untersuchen. Die Adern eines Fliegenflügels etwa sind mit Flüssigkeit gefüllt und sorgen für die nötige Stabilität beim Fliegen.

Spinnentiere

Erwachsene Spinnentiere haben acht Beine. Dazu gehören Spinnen und Milben. Hausstaubmilben ernähren sich von abgestoßenen Hautschuppen und leben in Betten, Polstermöbeln und Teppichen. Bodenmilben findest du auch in der Laubstreu des Waldbodens oder im Komposthaufen. Dort helfen sie, totes organisches Material aufzubereiten, sodass die darin enthaltenen Nährstoffe wieder für Pflanzen verfügbar sind. Bodenmilben erfüllen also eine wichtige Aufgabe! Mehlmilben hingegen sind Vorratsschädlinge und finden sich manchmal im Mehl und in Getreidespeichern, wo sie großen Schaden anrichten. Zu den Milben zählen übrigens auch Zecken. Diese ernähren sich von Blut und übertragen bei ihren Bissen manchmal Krankheitserreger.

Rüsseltier

Schmetterlinge ernähren sich von Blütennektar. Mit ihrem extrem langen Saugrüssel können sie auch tiefe Blüten anzapfen. Zum Fliegen wird der Rüssel spiralförmig zusammengerollt.

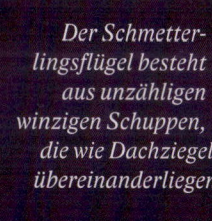

Der Schmetterlingsflügel besteht aus unzähligen winzigen Schuppen, die wie Dachziegel übereinanderliegen.

Blutsauger

Klein, aber lästig: Der Stechapparat einer Stechmücke ist ein komplexes Werkzeug. Er besteht unter anderem aus einem Saugrohr und einem Speichelrohr. Der abgegebene Speichel hemmt die Blutgerinnung. Nur weibliche Stechmücken sind Blutsauger und haben einen solchen Stechrüssel.

Wunderwelt der Kristalle

Bezaubernder Schnee: Jede Schneeflocke besteht aus vielen einzelnen, wunderschönen Eiskristallen.

E s lohnt sich, auch die unbelebte Natur unter dem Mikroskop zu betrachten. Besonders beeindruckend sind Kristalle, die sich in Felsen als Mineralien verstecken, selbstgezüchtete Kochsalz- oder Zuckerkristalle. Unter dem Mikroskop zeigen sich ihre regelmäßigen Strukturen. Besonderes Fingerspitzengefühl verlangt das Mikroskopieren von Schneekristallen.

Wo finde ich Kristalle im Haushalt?

Im Alltag finden sich einige Kristalle, die eine genauere Betrachtung durchs Mikroskop wert sind. Schon in der Küche wird man fündig: Salz, Zucker oder Vitamin C (Ascorbinsäure). Oder sieh dir doch einmal Schmuck unter dem Auflichtmikroskop an. Es muss nicht immer gleich ein Diamantring sein, auch Strasssteine aus Glas funkeln prächtig. Doch anders als im Diamanten, wo die Atome in einem regelmäßigen Kristallgitter angeordnet sind, fehlt im Strass diese Anordnung. Strass zählt zu den Gläsern.

Vergängliche Schönheiten

Schneekristalle lassen sich nur kurz beobachten. Allein der warme Atem des Betrachters oder eine nicht ausreichend kalte Unterlage lassen sie schnell wegschmelzen. Um Schneekristalle direkt zu beobachten, arbeitet man am besten draußen auf einem überdachten Balkon. Die schönsten Schneekristalle bilden sich allerdings in möglichst sauberer Luft in den Polargebieten und im Hochgebirge.

Kochsalz

Aufgelöst in Wasser und wieder eingetrocknet, wachsen aus gewöhnlichem Kochsalz hübsche, würfelförmige Kristalle. Ihre scharfen Kanten und Ecken stechen besonders hervor, wenn man sie mit einem Farbfilter betrachtet.

Zucker

Haushaltszucker bildet beim Auskristallisieren auf dem Objektträger flächige Kristallmuster. In so bunten Farben erstrahlen die Kristalle allerdings nur mit speziell gefiltertem, sogenanntem polarisiertem Licht.

Bentley fand keine zwei Schneekristalle, die sich glichen. Erst 1988 entdeckte die Wissenschaftlerin Nancy Knight nach langer Suche zwei völlig identische Schneekristalle.

Snowflake Bentley

Wilson Bentley (1865–1931) war Farmer – und versessen auf Schneeflocken. Er baute sich eine Mikroskopkamera, mit der er im Winter, wenn auf der Farm wenig Arbeit anfiel, diese vergänglichen Kunstwerke der Natur für immer festhalten konnte. 1885 glückte ihm sein erstes von insgesamt mehr als 5 000 Schneeflockenfotos. Sie wurden in einigen bekannten Zeitschriften veröffentlicht und brachten ihm den Spitznamen Snowflake Bentley ein.

Wilson Bentley

Alle Schneekristalle haben einen sechszähligen, gleichmäßigen Aufbau. Manche sehen aus wie sechseckige Plättchen, andere wiederum wie Sterne mit sechs fein verästelten Spitzen.

Schneekristalle fangen

Um Schneekristalle zu mikroskopieren, lasse das Mikroskop und ein paar saubere Objektträger draußen unter einer Schutzhaube stark abkühlen. Dann fängst du mit einem kalten Objektträger Schneeflocken ein und beobachtest diese im Durchlicht. Du kannst den Objektträger auch auf eine kalte schwarze Unterlage legen und die Schneekristalle im Auflicht betrachten. Damit dein Atem die Kristalle nicht zum Schmelzen bringt, befestigst du am besten ein Stück Karton so am Mikroskop, dass der warme Atem vom Objekttisch abgehalten wird. Du wirst kaum einen Schneekristall finden, der wie der andere ist!

DIY Special

Kristalle züchten

Kochsalzkristalle aus dem Salzstreuer sind zunächst enttäuschend. Ihre Ecken und Kanten sind abgestoßen. Doch mit einem kleinen Trick kannst du daraus wunderschöne Kristalle zaubern!

1 Löse einen Teelöffel Kochsalz (Natriumchlorid) in warmem Wasser auf und gib einen Tropfen der Salzlösung auf einen Objektträger. Diesmal gibst du kein Deckglas darauf.

2 Zum Schutz vor Staub legst du einen Teller oder ein Glas darüber. Nun lässt du die Salzlösung möglichst langsam, am besten über Nacht, eintrocknen. Zurück bleibt ein feiner, weißlicher Belag, der aus zahlreichen regelmäßigen Kochsalzkristallen besteht.

3 Du kannst das Auskristallisieren und das Wachstum der Kristalle auch direkt verfolgen, indem du die Salzlösung unter dem Mikroskop eintrocknen lässt.

Auf die gleiche Weise lassen sich auch Zucker, Vitamin C, Zitronensäure und andere Stoffe kristallisieren. Zitronensäure und Vitamin C gibt es in der Apotheke oder im Drogeriemarkt zu kaufen.

Mikroskopie in Wissenschaft und Technik

Licht- und Elektronenmikroskope sind zu vielseitigen Werkzeugen in Wissenschaft und Technik geworden. Überall, wo es darum geht, die Welt des Kleinen oder den Feinbau von Lebewesen und der unbelebten Natur zu erforschen, werden Mikroskope eingesetzt. Dafür werden immer neue Mikroskopiertechniken und Präparationsverfahren entwickelt.

Lebensmittelkontrolle

Tierärzte und Experten landwirtschaftlicher Untersuchungsanstalten weisen mit dem Mikroskop Krankheiten von Nutztieren und Pflanzen nach. Lebensmittelbiologen kontrollieren auch Nahrungsmittel aus Geschäften und Restaurants auf Bakterien, Pilze und Insektenbefall.

In Schweinefleisch finden sich manchmal eingekapselte Würmer, sogenannte Trichinen. Wer dieses Fleisch isst, kann schwer erkranken. Deshalb wird Schweinefleisch immer mit dem Mikroskop auf Trichinenbefall untersucht.

Medizin

In medizinischen Labors und Arztpraxen werden mit dem Mikroskop Krankheitserreger wie Bakterien, Pilze oder Parasiten in Blut, Urin oder auf den Schleimhäuten nachgewiesen. Pathologen untersuchen Gewebeproben darauf, ob es sich um Krebsgewebe oder gesundes Gewebe handelt. So können Krankheitsdiagnosen gestellt werden. Das Mikroskop ist zudem ein unentbehrliches Werkzeug für die Erforschung von Krankheiten und die Entwicklung neuer Behandlungsmethoden.

Wer diese Trypanosomen im Blut hat, leidet an der gefährlichen Schlafkrankheit.

Trypanosom ➤

Biologie und Umweltschutz

Die mikroskopische Untersuchung der Mikroorganismen in einem Gewässer gibt Aufschluss über die Wasserqualität. Gelangen Giftstoffe oder Landwirtschaftsabwässer hinein, dann verändert sich die Zusammensetzung der Mikroorganismen. Je nachdem, welche Arten von Algen, Wimpertierchen oder wirbellosen Kleinstlebewesen wie Insektenlarven vorliegen, lässt sich der Verschmutzungsgrad eines Gewässers bestimmen.

Alpenstrudelwurm ➤

Der Alpenstrudelwurm kommt nur in sauberem Wasser vor. Wenn man ihn findet, spricht das für eine gute Wasserqualität: Das Gewässer ist absolut gesund und nicht verunreinigt.

Geologie

Die Geologie ist die Wissenschaft von den Gesteinen und dem Aufbau der Erde. Das Mikroskop hilft, Gesteine und Mineralien zu identifizieren und die Vorgänge zu entschlüsseln, die zu ihrer Entstehung geführt haben. So bekommen wir einen Einblick in die Vergangenheit unseres Planeten und wie er sich über viele Jahrmillionen verändert hat.

Mondgestein. Mit polarisiertem Licht, dessen Wellen nur in eine Richtung schwingen, lassen sich die unterschiedlichen Gesteinsbestandteile besonders gut im Mikroskop unterscheiden.

Archäologie

Das umgebende Bodenmaterial eines archäologischen Funds kann Blütenpollen enthalten, die Aufschluss über die Vegetation, also die Pflanzen, und damit über das Klima vergangener Zeiten geben. Der Mageninhalt einer Mumie sagt Forschern etwas über die Ernährung im alten Ägypten, weshalb er genauestens untersucht wird. Amulette oder Halsketten verraten unter dem Mikroskop, wie sie hergestellt wurden. Kleidungsfasern und Webmuster geben einen Einblick in die Mode früherer Zeiten.

Archäologen gehen bei den Ausgrabungen äußerst vorsichtig vor. Sie sichern auch mikroskopisch kleine Spuren.

Ein Computerchip: Für die Herstellung seiner winzigen elektronischen Strukturen werden Mikroskope eingesetzt.

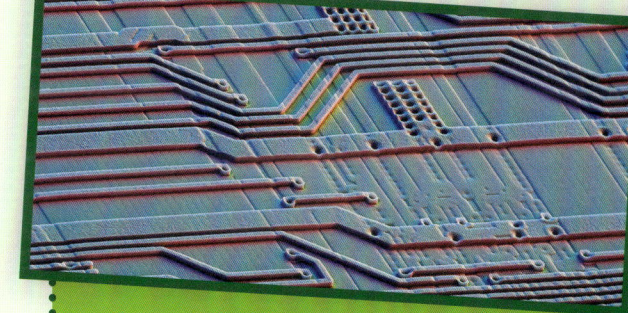

Paläontologie und Paläoanthropologie

Paläontologen befassen sich mit Pflanzen- und Tierüberresten aus vergangenen Zeiten, den Fossilien. Versteinerte Dinosaurierknochen werden mithilfe eines Stereomikroskops von Sediment befreit, ohne das Fossil zu beschädigen. In den versteinerten Knochen eines Tyrannosaurus Rex konnten mikroskopisch kleine Reste roter Blutkörperchen und Knochenzellen nachgewiesen werden! Paläoanthropologen dagegen untersuchen Knochen und Zähne unserer frühesten Vorfahren und erforschen, wovon sie sich ernährt haben, ob sie genug zu essen hatten und wie gesund sie waren. So erfahren die Forscher vom oft sehr harten Leben der frühen Menschen.

Technik

Mikroskope helfen bei der Entwicklung neuer Materialien. Außerdem werden sie beim Fertigen mikromechanischer Bauteile eingesetzt, die winzig klein, aber sehr wichtig sind. Bei Flugzeugabstürzen oder anderem Versagen von Bauteilen wird mit mikroskopischen Untersuchungen die Unfallursache ermittelt. Das können nahezu unsichtbare Haarrisse sein, die man erst unter dem Mikroskop erkennen kann.

Forensik –
Dem Täter auf der Spur

Der Grundsatz eines bedeutenden Pioniers der Forensik, Edmond Locard (1877–1966), lautet: »Jeder Kontakt hinterlässt eine Spur!« Zur Forensik zählt alles, was sich mit dem Aufspüren, der Analyse und der Rekonstruktion von Verbrechen befasst. Manche Spuren sind groß und bereits mit dem bloßen Auge zu entdecken, etwa ein Schuhabdruck oder eine Patronenhülse. Andere sind unsichtbar und müssen erst sichtbar gemacht werden, zum Beispiel Fingerabdrücke. Wiederum andere sind winzig klein und erst unter dem Mikroskop richtig gut zu erkennen.

Haarige Sache

Die Kriminaltechniker – so heißen die Spurensicherer offiziell – in ihren weißen Schutzanzügen sammeln mit speziellen Staubsaugern am Tatort Fasern, Staub, Hautschuppen, Haare und andere Spuren von Boden, Möbeln und Kleidung ein. Doch von wem stammt ein Haar? Vom Opfer, von einem früheren Besucher oder vom Täter? Oder vom Hund der Familie? Die Haare werden mit Licht- und Elektronenmikroskopen untersucht und mit anderen Haarproben – etwa der Familienmitglieder – verglichen.

Jeder Mensch lässt sich über das Muster seines Fingerabdrucks identifizieren. Spezielle Scanner helfen, Fingerabdrücke automatisch zu codieren und mit Datenbanken abzugleichen.

Hund

Die Haare von Säugetieren unterscheiden sich in Länge, Wurzel- und Oberflächenstruktur. Der Spezialist erkennt hier den Deutschen Schäferhund.

Mensch

Ein Menschenhaar mit seiner schuppigen Oberfläche im Rasterelektronenmikroskop. Mit dem Lichtmikroskop kannst du auch ins Haar hineinsehen.

Katze

Katzenhaare sind besonders fein. Sie können sich in ihrer Oberflächenstruktur stark unterscheiden. Zudem hat ein und dieselbe Katze unterschiedliche Haartypen!

Fusseln und Fasern

Mach es wie die Kriminaltechniker und nimm mit einem Tesafilmstreifen Staub und Fusseln vom Boden auf. Vielleicht entdeckst du unter dem Mikroskop Haare oder Textilfasern. Nimm zum Vergleich Proben von verschiedenen Kleidungsstücken, etwa einer Jeans, einem Pullover und einem Sweatshirt. Wie unterscheiden sich die jeweiligen Fasern unter dem Mikroskop? So kannst du eventuell feststellen, wer alles in deinem Zimmer war!

Was verraten Fasern und Farben?

Schon mit einem einfachen Lichtmikroskop lassen sich Wolle, Baumwolle und Kunstfasern unterscheiden. Professionelle Mikroskope verfügen über zusätzliche Analyseinstrumente, etwa ein UV-Spektrometer. Eine Kunstfaser aus Polyester zeigt ein ganz anderes UV-Spektrum als Seide. Mit solchen Geräten lassen sich auch die Druckfarben auf Geldscheinen untersuchen oder die verwendeten Farben auf Gemälden. Das Mikroskop hilft so, Fälschungen aufzudecken.

Pollen als Zeugen

Blütenstaub ist verräterisch. Jede Pollenart wird zu einer bestimmten Jahreszeit produziert. Blütenstaub auf der Kleidung eines Täters kann darauf hinweisen, wann er sich wo aufgehalten hat. Er sieht die winzig kleinen Pollen gar nicht, doch sie haften an seiner Kleidung. Selbst nach dem Waschen bleiben noch genügend Pollen in der Kleidung zurück, um ihn zu überführen.

Lackschaden

Ein Verkehrsunfall ist geschehen. Doch der Verursacher begeht Fahrerflucht und fährt einfach davon. Die Kriminaltechniker sichern Lacksplitter und untersuchen diese im Mikroskop. Weil eine moderne Autolackierung aus vielen Schichten besteht, können die Lacksplitter mit einer Autolackdatenbank verglichen und so oft Automodell und Baujahr eingeschränkt werden. Viele Unfallverursacher werden so überführt.

Links das Projektil vom Tatort, rechts das Projektil, das im Labor aus der mutmaßlichen Tatwaffe abgefeuert wurde. Die Riefen stimmen überein.

Vergleichsmikroskop

Im Mikroskop zeigt sich, mit welcher Waffe geschossen wurde. Die Riefen auf einem Projektil entstehen, wenn es sich durch den Pistolenlauf zwängt. Auch der Schlagbolzen einer Waffe hinterlässt auf der Patronenhülse eindeutige Spuren, wie das Monitorbild zeigt.

Europäisches Haar

Asiatisches Haar

Wem gehört das Haar?

Dass sich Tier- und Menschenhaare unterscheiden, ist klar. Aber das Rasterelektronenmikroskop zeigt auch, dass es unter den Menschenhaaren Unterschiede gibt. Das Haar von Europäern ist im Querschnitt eher oval, während das Haar von Japanern oder Chinesen im Querschnitt runder wirkt und auch dicker ist.

Die Schöne
und das Biest

Unser Reporter hat zwei Winzlinge vors Objektiv geholt und gemeinsam befragt: eine Menschenflohdame, der ein zweifelhafter Ruf als gieriger Blutsauger vorauseilt, und ein ach so spitziges Strahlentierchen, auch Radiolarium genannt. Was steckt wirklich hinter dieser grazilen Schönheit – und kann der Floh am Ende mehr als nur Blut saugen?

Name: Menschenfloh
Stärke: enorm sportlich
Hobbys: hoch und weit springen

Tag, Frau Floh. Wenn Sie schon mal auf dem Objektträger Platz nehmen könnten ...

Floh: Wollen Sie mich eher von vorne oder von der Seite sehen?

Sie sind ja eher ein bisschen flach, wenn ich das so sagen darf. Ich würde sagen, von der Seite.

Floh: Jaja, der olle Antonie van Leeuwenhoek und auch der Robert Hooke haben mich auch schon so gezeichnet. Seitlich sehe ich einfach am besten aus. Huch, da liegt ja schon jemand!

Wenn ich bekannt machen darf ... Frau Floh und das liebreizende Strahlentierchen.

Strahlentierchen: Ach ne, ein Floh. Schön ist ja was anderes. Aber so etwas muss es ja auch geben.

Floh: Die Menschen haben mich immer gerne angeguckt.

Strahlentierchen: Menschen gucken ja auch Filme, wo Monster drin vorkommen.

Floh: Selber Monster!

Aber meine Damen! Mich interessieren natürlich Ihre Fähigkeiten. Frau Floh, was können Sie am besten?

Floh: Hochspringen und Weithüpfen. Darin bin ich Weltspitzenklasse. Ich schaffe 60 Zentimeter und mehr.

Tolle Beine, was?!
Flöhe sind Parasiten, die sich vom Blut anderer Lebewesen ernähren. Mit riesigen Sprüngen können sie sich schnell von einem Wirt zum anderen fortbewegen.

Nun ja, es gibt Tiere, die springen deutlich weiter ...

Floh: Aber nicht bei meiner Körpergröße. Ich springe das Zweihundertfache meiner Körperlänge – und zwar in die Höhe!

Sie haben aber auch tolle Sprungbeine.

Floh: Und Sie haben einen ganz tollen Beingeschmack. Das soll mir das Sternchen erst mal nachmachen. Hat ja nicht mal Beine, die Kleine.

Strahlentierchen: Ich mach' mir nichts aus Hüpfen. Sag du lieber mal, wofür du das brauchst, du Blutsaugerin!

Stimmt das? Sie trinken Blut?!

Floh: Ist doch lecker. Kommt jemand vorbei, dann mit Schmackes in die Luft gesprungen und angezapft.

Strahlentierchen: Und da war doch noch was mit der Pest. Ich sag' nur Schwarzer Tod und so.

Floh: Moooment mal! Damit habe ich nichts zu tun. Das waren Rattenflöhe! Die haben den Pestbazillus übertragen. Ich aber bin ein Pulex irritans, ein Menschenfloh!

Und sie bevorzugen den Menschen, um, äh, Ihre Mahlzeiten einzunehmen?

Floh: Ach was, die Menschen sind ja so sauber geworden. Ich nehme schon mal einen Fuchs oder ein Schaf. Und so ein Schwein hat ja auch leckeres Blut.

Frage an das Strahlentierchen: Was ist Ihre besondere Stärke?

Strahlentierchen: Ich liebe schöne Sachen. Und ich bin auch selbst schön anzusehen. Gucken Sie mich doch an, was für ein feines Gerüst ich habe.

Kunstwerke der Natur
Strahlentierchen sind einzellige Lebewesen mit einem feinen Innenskelett. Weltberühmt wurden sie, als der Forscher Ernst Haeckel 1862 diese Zeichnungen veröffentlichte.

Ah, das Innenskelett! Das ist wirklich umwerfend.

Strahlentierchen: Alles selber gemacht. Diese Kugel – und die Strahlen auch. Ach, ich liebe Strahlen!

Wofür sind sie denn, diese Strahlen?

Strahlentierchen: Damit spanne ich Gallerte auf.

Floh: Und Gallerte ist Schwabbel, wenn ich mich nicht irre. Du bist ein Schwabbeltierchen, so ist das nämlich!

Aber ich bitte Sie!

Strahlentierchen: Zirkustante! Hupfdohle!
Floh: Du, du, du … du Wackelpudding!

Vielen Dank für dieses aufschlussreiche Gespräch.

Name: Strahlentierchen
Stärke: begnadete Baumeisterin
Hobbys: einfach nur schön sein

Glossar

Das REM zeigt es: Die schimmernden Blütenblätter einer Rose sind mit winzigen, gerillten Zapfen besetzt.

Auflichtmikroskop: Lichtmikroskop zur Beobachtung von massiven und undurchsichtigen Objekten. Sie werden mit einer Lampe von oben beleuchtet.

Auflösungsvermögen: Fähigkeit eines Objektivs, eng beieinanderliegende Strukturen getrennt voneinander darzustellen.

Binokularmikroskop: Mikroskop mit zwei Okularen, um mit beiden Augen beobachten zu können.

Dauerpräparat: Präparat, bei dem ein Objekt mit Einschlussmittel haltbar gemacht wird. So kann man es immer wieder betrachten.

Deckglas: Dünnes, meist quadratisches Glasplättchen zum Abdecken der Objekte auf dem Objektträger.

Durchlichtmikroskop: Lichtmikroskop, bei dem das Licht von unten ein dünnes, durchsichtiges Objekt durchstrahlt.

Elektronenmikroskop: Mikroskop, das mit einem Elektronenstrahl anstatt mit Licht arbeitet und so eine sehr viel höhere Vergrößerung ermöglicht.

Kreuztisch: Vorrichtung zum präzisen Bewegen des Objektträgers auf dem Objekttisch.

Linse: Eine Linse bricht das Licht, lenkt also die Lichtstrahlen ab. So kann man Dinge mit der Lupe oder dem Mikroskop vergrößert betrachten.

Mikrometer: Längeneinheit. Ein Mikrometer ist ein Millionstelmeter und ein Tausendstelmillimeter.

Mikrotom: Gerät zum Herstellen von Dünnschnitten für die Durchlichtmikroskopie.

Nanometer: Winzige Längeneinheit. Ein Nanometer ist ein Millionstelmillimeter.

Objekt: Gegenstand, den man mit dem Mikroskop betrachten möchte.

Objektiv: Linsensystem, das dem Objekt zugewandt ist.

Objekttisch: Auflagefläche für den Objektträger mit dem Objekt.

Objektträger: Rechteckiges Glasplättchen, auf dem das zu betrachtende Objekt liegt.

Okular: Dem Auge zugewandtes Linsensystem.

Petrischale: Durchsichtiges, flaches Schälchen mit einem Deckel. Darin lassen sich Proben sammeln und mit Lupe oder Auflichtmikroskop beobachten.

Pipette: Röhrchen aus Glas oder Kunststoff mit einer Spitze zum Aufnehmen von Flüssigkeiten.

Präparat: Durch verschiedene Methoden so vorbereitetes Objekt, dass es für die Untersuchung mit dem Mikroskop geeignet ist.

Präpariernadel: Nadel mit Handgriff zum Aufnehmen oder Zurechtrücken eines Objekts.

Rasterelektronenmikroskop (REM): Elektronenmikroskop, bei dem ein scharf gebündelter Elektronenstrahl das Objekt zeilenweise abtastet. Die rückgestreuten Elektronen werden gemessen und als Bild wiedergegeben. Ein REM liefert räumlich wirkende Bilder.

Rasterkraftmikroskop (RKM): Sonderform des Mikroskops, bei der eine feine Nadelspitze Zeile für Zeile dicht über eine Probe fährt. Die Abstoßung zwischen den Atomen der Probenoberfläche und der Nadel wird gemessen. So entsteht ein dreidimensionales Bild der Probenoberfläche.

Rastertunnelmikroskop (RTM): Sonderform des Mikroskops. Eine feine, im Idealfall aus nur einem Atom bestehende Spitze wird zeilenweise über eine Probe geführt. Der Abstand der Spitze zur Probenoberfläche wird konstant gehalten. So lassen sich mehr als hundertmillionenfache Vergrößerungen erzielen.

Stereomikroskop: Lichtmikroskop mit meist zwei Objektiven und zwei Okularen, das ein dreidimensionales Bild liefert.

Transmissionselektronenmikroskop (TEM): Elektronenmikroskop, dessen Elektronenstrahl durch ein sehr dünnes Objekt geschickt wird. Anstelle gläserner Linsen werden elektromagnetische Linsen verwendet.

Tubus: Rohr am Mikroskop, in dem Objektiv und Okular sitzen.

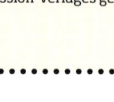

WAS IST WAS Band 8

Bildquellennachweis:
Archiv Tessloff: 2ul, 3mr, 12o, 12u, 13or, 13ur, 16-17u, 19r, 25ur, 26ul, 27u, 29or, 33ur, 34ul, 35ur, 37o, 46or, 47ul; **Bresser GmbH:** 14ul, 14ur, 37l; **Bundeskriminalamt:** 45m; **Carl Zeiss Microscopy GmbH:** 13om; **Cellscope:** 5ur (Dr. Anuschka Faucci); **CERN:** 21u; **Christine L. Case:** 9ol; **Corbis:** 2ml (Dennis Kunkel Microscopy, Inc./Visuals Unlimited), 2or (Bettmann), 6ol (Bettmann), 6m (Bettmann), 7o (Bettmann), 11or (Dennis Kunkel Microscopy, Inc./Visuals Unlimited), 17r (Micro Discovery), 18ol (Dennis Kunkel Microscopy, Inc./Visuals Unlimited), 28Hg. (Micro Discovery), 34or (Dr. Richard Kessel & Dr. Gene Shih/Visuals Unlimited), 34ur (Visuals Unlimited), 35o (Visuals Unlimited), 35ul (Charles Krebs), 36l (Visuals Unlimited), 37um (Micro Discovery/), 37ur (Kage-Mikrofotografie/Doc-Stock), 38ol (Scientifica/RMF/Visuals Unlimited), 39m (Scientifica/RMF/Visuals Unlimited), 39ul (Dennis Kunkel Microscopy, Inc./Visuals Unlimited), 39ur (Kenneth Bart/Visuals Unlimited), 43ur (David Scharf), 44ul (Dennis Kunkel Microscopy, Inc./Visuals Unlimited), 44m (Dr. David Phillips/Visuals Unlimited), 44ur (Dennis Kunkel Microscopy, Inc./Visuals Unlimited), 45um (Clouds Hill Imaging Ltd), 45ur (Clouds Hill Imaging Ltd.), 46ul (Kage-Mikrofotografie/Doc-Stock); **Dino-Lite Europe:** 14m, 14mr; **Dreamstime LLC:** 40ul (Buccaneer); **Flickr:** 26ur (Claire Smith/Rochester Institute of Technology NY USA), 43ml (Wessex Archaeology); **FOCUS Photo- und Presseagentur:** 3or (eye of science), 10ml (Meckes/Ottowa/Eye of Science), 11ur (Power and Syred/SPL), 16ol (AMI IMAGES/SCIENCE PHOTO LIBRARY), 19om (DR GOPAL MURTI/SCIENCE PHOTO LIBRARY), 32Hg. (eye of science), 45or (PHILIPPE PSAILA/SCIENCE PHOTO LIBRARY), 48 (eye of science); **Foldscope © 2014**

Cybulski et al.: 4mr; **Getty:** 2mr (Dr. Stanley Flegler/Visuals Unlimited), 10ur (Ted Kinsman), 17m (BIOPHOTO ASSOCIATES), 18ul (Dorling Kindersley), 19ul (Dr. Stanley Flegler/Visuals Unlimited), 33ml (Visuals Unlimited, Inc./Daniel Stoupin), 37ml (E R DEGGINGER/Science Source), 40m (Nancy Nehring); **IBM Research - Zurich:** 20ml, 20ur, 21o; **mauritius images:** 20ul (United Archives); **OKAPIA KG:** 3ml (Kage Mikrofotografie/OKAPIA), 33ul (K. Taylor/Coleman, Inc./SAVE), 43or (Kage Mikrofotografie/OKAPIA); **Oliver Kim:** 23or, 35mr; **picture alliance:** 5ol (Gladden W. Willis/OKAPIA), 5or (Philipp Ziser), 6ul (akg-images), 6um (Dr.Gary Gaugler/OKAPIA), 7ml (united archives), 9or (United Archives/TopFoto), 9ml (dpa), 9mr (BSIP/VEM), 9ur (A.u.H.-F.Michler/OKAPIA), 10or (Arco Images/F. Schneider), 11om (Mary Evans Picture Library/Last Refuge/ardea.com), 11m (Mary Evans Picture Library/Last Refuge/ardea.com), 13ol (blickwinkel/M. Lenke), 16m (dpa7Max-Plank-Institut Bremen), 18or (Zentralbild/Waltraud Grubitzsch), 20o (Zentralbild/Hubert Link), 22o (blickwinkel/F. Hecker), 25m (Roland Birke/OKAPIA), 26ol (Klett/Aribert Jung), 28m (EGR/Science Photo Library), 29ml (Klett/Aribert Jung), 30ul (Roland Birke/OKAPIA), 30or (Laguna Design/OKAPIA), 30m (Norbert Lange/OKAPIA), 31ul (Roland Birke/OKAPIA), 31or (Roland Birke/OKAPIA), 31ml (blickwinkel/NaturimBild/A. Wellmann), 31mr (blickwinkel/Hecker/Sauer), 31um (blickwinkel/Hecker/Sauer), 32ur (blickwinkel/F. Fox), 33or (Roland Birke/OKAPIA), 38ml (blickwinkel/fotototo), 39or (Mary Evans Picture Library/Last Refuge/ardea.com), 42ul (Mary Evans Picture Library/Last Refuge/ardea.com), 42or (Dr.Gary Gaugler/OKAPIA), 42ur (blickwinkel/Hecker/Sauer); **Public Domain:** 41or; **Shotshop GmbH:** 17ol (anaken2012); **Shutterstock:** 1 (Nikola Rahme), 2l (Volodymyr Krasyuk), 3ol (dcb), 3ur (Andrey Burmakin), 4-5Hg./6l/7r (Roberaten), 7ur (Sergejus Byckovskis), 10ul (Siwanat Yanchayasiri), 11ol (Papa Bravo), 11or (Papagei/Volodymyr

Krasyuk), 11l (Nneirda), 11mr (FloridaStock), 12m (Pavel L Photo and Video), 12ul (Christian Musat), 13m (Barbol), 14or (jaboo2foto), 15Hg. (Roberaten), 15 (OlegDoroshin), 16-17u (Roberaten), 17om (D. Kucharski K. Kucharska), 22ul (Africa Studio), 23o (Roberaten), 23ol (Olga Kovalenko), 23mr (Sergey Ryzhov), 23m (Africa Studio), 23om (carroteater), 24-25Hg. (Pan Xunbin), 24l (marco mayer), 25r (Roberaten), 27or (Claudio Divizia), 29ur (D. Kucharski K. Kucharska), 29r (Roberaten), 31m (Lebendkulturen.de), 31ur (Lebendkulturen.de), 33Hg./34ul (Roberaten), 34-35Hg. (Nataliya Hora), 34mr (D. Kucharski K. Kucharska), 36ur (Dancestrokes), 38m (dcb), 38um (Jubal Harshaw), 40ol (Kichigin), 41ol (Kichigin), 41ml (Kichigin), 41mr (Yanping Wang), 41ur (Roberaten), 42ml (science photo), 44or (Andrey Burmakin), 44ml (nineyoii), 44um (kuleczka), 44mr (Kagai19927), 46-47Hg. (Roberaten); **Stanford University:** 4o (Stanford News Service), 4ml (Rod Searcey); **Thinkstock:** 13mr (LeafenLin), 35ml (Benjamin Haas); **Wikipedia:** 8o (PD), 9um (Albert Edelfelt), 26mr, 38or (J J Harrison), 47or

Umschlagfotos: U1: Shutterstock (Lebendkulturen.de), U1Hg.: Shutterstock (Pan Xunbin), U4: Shutterstock (Lebendkulturen.de)

Vorsatz: Shutterstock (VikaSuh) ol, Shutterstock (Smit) ur

Gestaltung: independent Medien-Design

Copyright © 2015 TESSLOFF VERLAG, Burgschmietstraße 2–4, 90419 Nürnberg
www.tessloff.com

ISBN 978-3-7886-2096-7

Akustik BAND 28

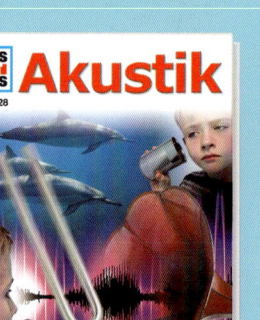

Wissenschaften BAND 29

Pilze BAND 33

Geschichte der **Medizin** BAND 66

Schatzsuche BAND 36

Europa BAND 113

Päpste BAND 123

Ernährung BAND 127

Hamster, Biber und andere **Nagetiere** BAND 128

Maya, Inka und **Azteken**

Raubtiere und andere Jäger